Corinne Brookson

Vers la maturité

Corinne Brookson

Vers la maturité

Progresser avec le Seigneur

Éditions Croix du Salut

Impressum / Mentions légales
Bibliografische Information der Deutschen Nationalbibliothek: Die Deutsche Nationalbibliothek verzeichnet diese Publikation in der Deutschen Nationalbibliografie; detaillierte bibliografische Daten sind im Internet über http://dnb.d-nb.de abrufbar.
Alle in diesem Buch genannten Marken und Produktnamen unterliegen warenzeichen-, marken- oder patentrechtlichem Schutz bzw. sind Warenzeichen oder eingetragene Warenzeichen der jeweiligen Inhaber. Die Wiedergabe von Marken, Produktnamen, Gebrauchsnamen, Handelsnamen, Warenbezeichnungen u.s.w. in diesem Werk berechtigt auch ohne besondere Kennzeichnung nicht zu der Annahme, dass solche Namen im Sinne der Warenzeichen- und Markenschutzgesetzgebung als frei zu betrachten wären und daher von jedermann benutzt werden dürften.

Information bibliographique publiée par la Deutsche Nationalbibliothek: La Deutsche Nationalbibliothek inscrit cette publication à la Deutsche Nationalbibliografie; des données bibliographiques détaillées sont disponibles sur internet à l'adresse http://dnb.d-nb.de.
Toutes marques et noms de produits mentionnés dans ce livre demeurent sous la protection des marques, des marques déposées et des brevets, et sont des marques ou des marques déposées de leurs détenteurs respectifs. L'utilisation des marques, noms de produits, noms communs, noms commerciaux, descriptions de produits, etc, même sans qu'ils soient mentionnés de façon particulière dans ce livre ne signifie en aucune façon que ces noms peuvent être utilisés sans restriction à l'égard de la législation pour la protection des marques et des marques déposées et pourraient donc être utilisés par quiconque.

Coverbild / Photo de couverture: www.ingimage.com

Verlag / Editeur:
Éditions Croix du Salut
ist ein Imprint der / est une marque déposée de
AV Akademikerverlag GmbH & Co. KG
Heinrich-Böcking-Str. 6-8, 66121 Saarbrücken, Deutschland / Allemagne
Email: info@editions-croix.com

Herstellung: siehe letzte Seite /
Impression: voir la dernière page
ISBN: 978-3-8416-9852-0

Copyright / Droit d'auteur © 2013 AV Akademikerverlag GmbH & Co. KG
Alle Rechte vorbehalten. / Tous droits réservés. Saarbrücken 2013

VERS LA MATURITE

Progresser avec le Seigneur

Corinne **BROOKSON**

Introduction

Dès notre conversion, le Seigneur nous fait pénétrer dans une dimension de lumière, d'amour et de grâce. Chaque jour, sa bonté et sa bienveillance nous font progresser de victoire en victoire et de gloire en gloire. Chaque principe du royaume a été établi pour que nous soyons complètement transformés et que nous devenions participants de la nature divine. Il ne s'agit pas seulement de nous bénir et de nous faire du bien, mais de nous changer complètement.

Notre Dieu a établi une progression et, en pédagogue extraordinaire, Il nous fait avancer vers une excellente maîtrise des principes du royaume. A mesure que nous progressons, notre vie rayonne par sa présence et par l'action puissante et efficace de ses principes.

Dans ce livre, je vous propose d'examiner chaque axe prioritaire du royaume afin de comprendre comment le Père structure notre croissance et nous guide vers la maturité.

SOMMAIRE

-Salut : du désordre à l'ordre divin	5
-Connaître Dieu : de la religion à l'intimité	7
-Le Saint-Esprit : de l'éducation à la puissance	10
-Sagesse : de la connaissance à la capacité	12
-Connexion : de l'enfant au disciple	18
-Adoration : de la louange à l'adoration	20
-Liberté : de la mort à la vie	24
-Humilité : de son abaissement au nôtre	27
-La foi et l'espérance : de la nouvelle naissance à la vie en abondance	41
-La prière : de la pétition personnelle à l'intercession	45
-La sainteté	47
-La pureté : de la discipline à la sanctification	48
-Le courage : de l'audace à la victoire	54
-La vérité: de la conversion à la régénération	60
-la Grâce : de la libération à la vie dans la présence de Dieu	65
-Lire, écouter, méditer : du logos au rhema	69
-Consécration : de l'abandon au service	79
-Serviteurs : de la liberté à la servitude	84
-La Fidélité : de la confiance à la stabilité	87
-La paix : du calme au repos éternel	91
-Considérer la fin	98

« Car nous aussi, nous étions autrefois insensés, désobéissants, égarés, asservis à toute espèce de convoitises et de voluptés, vivant dans la méchanceté et dans l'envie, dignes d'être haïs, et nous haïssant les uns les autres.
 Mais, lorsque la bonté de Dieu notre Sauveur et son amour pour les hommes ont été manifestés,
il nous a sauvés, non à cause des œuvres de justice que nous aurions faites, mais selon sa miséricorde, par le baptême de la régénération et le renouvellement du Saint Esprit,
 qu'il a répandu sur nous avec abondance par Jésus Christ notre Sauveur,
 afin que, justifiés par sa grâce, nous devenions, en espérance, héritiers de la vie éternelle. »

Tite 3 : 3-7

SALUT : du désordre à l'ordre divin...

1 Jean 4:15
Celui qui confessera que Jésus est le Fils de Dieu, Dieu demeure en Lui et Lui en Dieu.

C'est d'un choix de vie qu'il s'agit dans ce verset. Un choix qui nous pousse à nous soumettre à la vérité de la Parole de Dieu. Que vais-je faire du message de l'Evangile? Que vais-je faire de la place, du rôle que Jésus doit avoir dans ma vie?

Allons plus loin: que vais-je faire face à la proposition de Dieu? Il me place face à un choix existentiel. Il me propose de vivre avec Lui et en Lui. Que vais-je décider? Ai-je besoin de Dieu, ai-je besoin de Lui à mes côtés, en permanence, ou bien seulement, comme ultime recours, quand plus rien d'autre n'est efficace?

Ai-je besoin de Dieu en moi ? Ai-je besoin de sentir en moi une présence qui s'impose, me dirige et me contrôle? Ai-je besoin d'une présence en moi qui intervient dans ma vie, ou suis-je assez indépendante, assez fort et solide pour me débrouiller tout seul?

Maintenant "zoomons" un peu, pour y voir de plus près: ai-je vraiment le choix, avoir Dieu avec moi et en moi est-ce optionnel? Dieu comprendra-t-Il si je lui assigne une place moins élevée dans ma vie, si je le cantonne à un rôle de figurant, ou de roue de secours? Son amour va-t-il jusqu'à accepter que je fasse ce choix, tout en me réservant ses bénédictions?

Dois-je attendre d'être acculé, obligé de comprendre enfin que tous les humains ont besoin de Dieu avec eux et en eux? Dois-je attendre que la majorité des gens dans le monde, les intellectuels et les savants concluent eux aussi que l'humain a été créé pour vivre dans la présence de Dieu et en interaction avec Lui?

Dois-je attendre que le monde entier reconnaisse que l'humain est constitué d'un esprit éternel, une flamme qui ne s'éteindra pas, un concept éternel que la mort n'arrête pas et qui doit trouver sa place dans une éternité.. Qui me convaincra qu'un humain ne peut être comparé aux autres vivants et que c'est justement ce qui le caractérise c'est qu'il est éternel, précieux immortel. Il faut donc se situer dans une éternité, dès maintenant et prendre, dans la Bible, de bons repères pour savoir de quoi il s'agit.

Ces repères d'éternité sont clairement définis ainsi que les moyens d'y accéder :

-Dieu est l'entrée d'une éternité de lumière, de vérité, de gloire, de sens, de repos. C'est la seule qui aurait dû exister, mais la méchanceté et la vanité ont provoqué la création d'un autre espace d'éternité pour les âmes immortelles qui s'attachent à ces mêmes valeurs. L'arrogance de pouvoir vivre sans Dieu est un des plus sûrs chemins qui mènent à cette dimension infernale d'éternité.

Jésus Christ, Fils de Dieu est le chemin, la vérité et la vie et nul ne vient au Père que par Lui. C'est le chemin qui mène à Dieu, la porte par laquelle il faut passer, il n'y en a pas d'autres. Seul médiateur, seul nom donné aux hommes pour obtenir ce que la Bible appelle salut: c'est-à-dire rachat de l'homme qui peut ainsi être libéré de tout ce qui l'éloignait de son Créateur. Salut parce que la vie sans Dieu est une perdition, un échec total et un billet garantit pour l'enfer.

Cela signifie que malgré les bonnes grâces et félicités qui caractérisent parfois la vie de certains humains sans Dieu, cette vie-là, ici et maintenant cache une réalité cruelle: l'horreur de la suite

de l'éternité, après la mort... N'est-ce pas risqué d'échanger l'éternité contre quelques années de futilité ?
Vivre avec Dieu et en Lui n'est pas optionnel quand on garde les yeux fixés sur l'éternité et pas seulement sur la vie ici et maintenant.

Le salut est donc à privilégier puisque c'est la clé de la vie éternelle dans la présence de Dieu. Il s'obtient simplement par la foi, pourquoi s'en priver. Cette foi donne non seulement accès à la présence de Dieu, mais aussi à toute sa volonté pour nos vies, ce qui n'est pas rien. Certes, il faut accepter de se soumettre, de se laisser diriger et contrôler; mais qu'est ce qui est plus difficile et plus contraignant: la tyrannie des humains ou la volonté de Dieu?

La réponse à cette question est déterminante pour le reste de votre éternité. Pensez-y !

CONNAITRE DIEU : de la religion à l'intimité...

Phil 3;8 Et même je regarde toutes choses comme une perte, à cause de l'excellence de la connaissance de Jésus-Christ mon Seigneur, pour lequel j'ai renoncé à tout, et je les regarde comme de la boue, afin de gagner Christ..
3:10 Afin de connaître Christ et la puissance de sa résurrection et la communion de ses souffrances, en devenant conforme à lui dans sa mort...

Cette quête de Paul est aussi la nôtre. C'est un cheminement qui dure toute la vie. Etapes après étapes, le Seigneur nous guide, en œuvrant en nous, en créant en nous le vouloir et le faire (Phil 2;13). L'œuvre de régénération qu'Il effectue en nous, dès lors que nous nous abandonnons entre ses mains (Romains 12:1-2), Lui permet de nous amener progressivement à une connaissance de sa volonté toujours plus approfondie.

Cette connaissance se traduit par un attachement plus intime et sans cesse renouvelé au Seigneur car nous réalisons bien vite que sans Lui nous ne pouvons rien faire (Jean 15:5). Très vite, malgré les circonstances, nous nous enveloppons de sa paix, par la prière nous nous saturons de cette paix intérieure qui dépasse toute intelligence (Philippiens 4:7).

Cette paix nous permet de rester stables émotionnellement et fidèles, en tout temps, sans permettre à quoique ce soit de nous distraire. Ainsi nous demeurons dans la main du potier, soumis à son eouvre de régénération, et nous devenons de nouvelles créatures (2 Cor5:17) participantes de la nature divine.

C'est ainsi que nous apprenons à le connaître, non pas dans une formation de l'intelligence seulement, bien que cet aspect ne soit pas négligé, mais dans une transformation totale de notre être, de l'intérieur vers l'extérieur, du cœur au corps. Notre connaissance du Seigneur est autant intelligente, qu'émotionnelle, aussi affective que spirituelle. Les trois parties de notre être sont inondées des flots de son amour et de sa grâce, et sont impactées par le rayonnement de sa Parole qui est vivante et active.(Hébreux 4:12).

L'action de cette Parole rayonne en nous, jusqu'à nous permettre, dans les actes et pensées du quotidien, de discerner la volonté de Dieu. La Parole nous instruit, nous équipe, nous corrige, nous transforme. Elle nous rend capable de faire ce qu'elle dit.

La connaissance qu'elle nous apporte est unique en son genre. C'est une connaissance qui transforme nos désirs, qui agit au plus profond de nos cœurs pour provoquer un changement radical. Ceci nous permet de surmonter tous les déterminismes et tout ce qui avait fait obstacle à notre développement, auparavant. C'est donc une connaissance intime, active, puissante car elle nous impacte puissamment.

Aucune partie de notre être n'échappe à l'impact de la connaissance de Dieu quand nous Lui soumettons nos vies. Les limites d'hier sont oubliées, dépassées car la Parole de Dieu qui se transforme en nutriment pour notre être tout entier et peut nous propulser jusque dans notre destinée. Rien ne lui résiste si nous établissons l'autorité de Dieu sur nos vies.

Tout comme le Seigneur Jésus est ressuscité d'entre les morts, après avoir donné sa vie pour nous racheter, tout comme quand nous donnons notre vie à Dieu, en Christ, nous sommes ressuscités pour vivre en nouveauté de vie en Lui. Cette renaissance est rendue possible par notre justification, et par la régénération produite en nous par l'Esprit saint, tandis que nous marchons par la foi. Cette renaissance produit en nous une connaissance de Dieu qui dépasse l'intelligence parce qu'elle agit à tous les niveaux de notre être et nous permet d'aboutir à une communion qui elle-même nous pousse à une plus grande intimité avec Dieu, par le Seigneur Jésus.

L'effet de la louange et de l'adoration sur nous est particulièrement intéressant. C'est une autre avenue indispensable pour connaître Dieu. Il s'agit de le rencontrer de manière très irrationnelle, et de s'élancer par la foi, dans la présence de Dieu, pour le "voir" et sentir sa présence. Il s'agit de se connecter à Lui dans une dimension qui fait intervenir une autre partie de notre être. Toute la dimension affective, émotionnelle même rentre en action, à ce moment-là. Car il ne s'agit pas seulement de chanter. Lorsqu'on exprime toute son adoration à Dieu, quelque chose en nous vibre en réponse à la présence de Dieu.

Cette intimité avec le Seigneur nous change (2 Cor 3:18). Elle nous amène à désirer nous approcher de Dieu, encore plus. Comme David, nous désirons habiter dans ses parvis, pour toujours. Cet attachement nous transforme parce qu'il nous pousse à désirer et à faire ce qui plaît à Dieu. C'est pourquoi cet aspect de la connaissance de notre Dieu est primordial: c'est par la grâce, par l'amour que Dieu nous change. C'est par l'amour que cette connexion éternelle s'établit en nous et qu'elle oeuvre à nous rendre conformes à l'image de notre Sauveur (Romains 8:29).

Trop souvent, on entend des prédicateurs exhorter les croyants en agitant des critiques, des menaces mêmes, en établissant une discipline de fer pour garantir une vie bien réglée à chacun. Mais le temps de la simple obéissance aux commandements est passé. Non seulement cette obéissance est impossible, mais si elle l'était Christ ne serait pas venu. Ce que Dieu veut c'est un changement de cœur, une transformation profonde et réelle de chacun, une intériorisation de sa Parole, une communion avec son Esprit telle qu'Il puisse nous guider individuellement (Romains 14:6).

Cette connaissance de Dieu doit être personnelle, intime et rayonnante. Elle s'acquiert aussi par l'expérience: la prière, les exaucements, la satisfaction que procure Dieu dans nos vies, au quotidien et dans tous les domaines. Il faut avoir fait l'expérience de la présence de Dieu. Il faut avoir été malade pour faire l'expérience du Dieu qui guérit, il faut avoir eu des ennuis pour faire l'expérience du Dieu qui délivre, qui pourvoit. Quand on a ainsi expérimenté la réalité de notre Dieu, progressivement on acquiert une connaissance solide, sûre, qui peut et qui va être mise à l'épreuve.
 C'est donc une connaissance qui grandit et qui rayonne de plus en plus dans notre vie. Une connaissance personnelle, à laquelle les autres peuvent seulement contribuer, mais l'essentiel se fait sur une base individuelle, même si le Seigneur a prévu et organisé le rôle de l'Eglise en la matière. Et si, au début de notre marche avec Dieu, nous nous contentons de ce qui est distribué dans l'église locale, il faut ensuite, prendre son bâton de pèlerin et "chercher premièrement le royaume et sa justice" (Math 6:33).

Si le Seigneur précise que nous devons "chercher, demander, frapper" c'est que tout ne nous tombera pas tout cuit. Paul le précise dans cette épître aux Philippiens. Il lève un peu le voile sur sa démarche, sur sa quête de Dieu. On pourrait croire qu'un tel homme se satisferait, se contenterait de ce que Dieu a déjà accompli dans sa vie et à travers lui. Non; on le voit cherchant, demandant, frappant... On le découvre assoiffé de Dieu et s'approchant toujours plus.

Que dire alors: cette connaissance est un tourbillon prenant qui nous emporte jusque dans la vie éternelle. Elle ne s'arrête pas tant que nous désirons puiser à sa source. Si le flot divin en nous s'arrêtait, nous serions de nouveau livrés à nous-mêmes et la chair aurait tôt fait de reprendre le dessus. Voilà pourquoi le même Paul nous a appris à traiter durement notre corps et surtout à faire tous les choix nécessaires, radicalement, pour atteindre le niveau de connaissance, de plénitude, de maturité spirituelle que Dieu a préparés pour chacun de nous.

Ne nous arrêtons pas à établir quelques règles de discipline sommaires pour strictes qu'elles aient l'air d'être. Paul nous avertit que ces règles ne sont pas suffisantes; ce qui importe c'est de connaître Dieu, c'est de le suivre dans tous les choix radicaux qu'Il nous pousse à faire pour que tombent tous les obstacles à une vraie communion avec Lui, par notre Seigneur Jésus-Christ, et avec l'aide de son Esprit.

LE SAINT ESPRIT : de l'éducation à la puissance

Exode 13:21
L'Eternel allait devant eux dans une colonne de nuée, pour les guider dans leur chemin, et dans la nuit dans une colonne de feu pour les éclairer afin qu'ils marchassent jour et nuit
Jean 16:12-15
J'ai encore beaucoup de choses à vous dire, mais vous ne pouvez pas les porter maintenant.

Jean 16 :13-14
Quand le consolateur sera venu, l'Esprit de vérité, il vous conduira dans toute la vérité ; car il ne parlera pas de lui-même, mais il dira tout ce qu'il aura entendu, et il vous annoncera les choses à venir.
Il me glorifiera, parce qu'il prendra de ce qui est à moi, et vous l'annoncera.
Tout ce que le Père a est à moi ; c'est pourquoi j'ai dit qu'il prend de ce qui est à moi, et qu'il vous l'annoncera.

Certainement, la traversée du désert du peuple de Dieu, toute réelle qu'elle fut sert aussi comme un ensemble de leçons et d'illustrations pour le peuple de Dieu aujourd'hui, pour les chrétiens de la Nouvelle Alliance.

La Bible elle-même nous enseigne que les éléments de l'Ancien Testament et de la loi n'étaient que l'ombre des choses à venir. Nous comprenons donc bien, dans notre étude d'aujourd'hui que si Dieu pouvait guider son peuple, par des manifestations concrètes et visibles dans ce désert hostile, Il peut et Il veut nous guider aujourd'hui.

Ce qui est différent, pour nous croyants de la Nouvelle Alliance, c'est qu'il s'agit de nous guider dans nos choix quotidiens, certes, mais surtout dans notre vie spirituelle. Il n'est plus seulement question de choix matériels et de destinations géographiques, il y a d'autres enjeux, concernant notre destination finale.

En effet, en croyant du cœur et en confessant de la bouche, que Jésus est Seigneur et qu'Il le chemin, la vérité et la vie, nous sommes devenus enfants de Dieu; dès lors, nous avons la vie éternelle. Notre destination finale, dans la glorieuse présence de Dieu est acquise, établie parce que nous sommes nés de nouveau et que nous sommes entrés dans le Royaume de Dieu.

Cependant, il faut continuer à vivre dans cet univers, dans la présence de Dieu, pour le servir. Il faut progresser dans la connaissance de sa Parole et de sa volonté. Il faut permettre à Dieu de nous guider jusqu'à obtenir une transformation de notre être intérieur. Il faut permettre à l'Esprit de nous aider à nous approprier cette Parole et ces principes du Royaume, de sorte que Dieu puisse nous guider de l'intérieur et non plus seulement de l'extérieur.

Désormais, par des convictions intimes et profondes nous sommes guidés sur le chemin de la vie, jusqu'à notre destination finale. Par une connaissance approfondie et une mise en pratique de tous les instants, nous sommes guidés pour avancer et produire du fruit. Quand Dieu a ainsi la haute main sur notre être intérieur, Il produit en nous un impact éternel et puissant. Nous sommes réellement changés pour devenir conformes à l'image de notre Sauveur et capables de rentrer dans notre destinée.

Car un des enjeux majeurs de notre marche avec Dieu, c'est aussi cela: devenir et rester capables d'accomplir la volonté de Dieu, en tout temps. Garder ses principes et la détermination de le servir, même sous la pression, et dans l'adversité. Garder sa passion pour la Parole, comme le dit le psalmiste David, quoiqu'il arrive (Psaume 119).

Sans le Saint Esprit demeurant en nous, cela serait impossible. C'est parce qu'Il nous conduit dans toute la vérité que nous pouvons être clairvoyants, comprendre ce qui se passe en nous et autour de nous, discerner le vrai et percer à jour les mensonges de l'ennemi. C'est parce qu'Il nous conduit, il y a là l'idée d'une action permanente et dynamique, d'une activité qui nous donne sans cesse des éléments pour comparer, analyser, filtrer, et évaluer afin de poser des actes pertinents.

Ce qu'il faut souligner, ici, c'est que ce travail se fait dans nos pensées, à l'intérieur, et non plus seulement par des signes extérieurs. Dieu veut que nos pensées soient sanctifiées, assainies, capables de distinguer le vrai du faux et de s'attacher au vrai, au pur. Dieu veut que chacun, individuellement soit capable de se tenir sur la vérité, en toutes circonstances. Comme Il guidait son peuple, nuit et jour, dans le désert, Il veut aujourd'hui, encore le guider en tout temps.

Parfois, la nuit est si noire, le brouillard si épais, autour de nous, dans les circonstances de la vie que nos pensées doivent être guidées, soutenues par l'Esprit pour que nous gardions le cap, que nous restions clairvoyants et sobres et confiants. L'Esprit ne faillit pas, et si nous avons l'amour de la vérité, la passion pour le Royaume de Dieu qui nous garde forts et déterminés, nous ne chancelons pas dans les épreuves.

Heureusement, que c'est de l'intérieur que l'Esprit nous guide, Il place en nous tout ce qui est de Dieu, Il nous remplit de la gloire de Dieu. Il place en nous la puissance de la Parole de Dieu, la puissance de la gloire de Dieu et illumine nos cœurs, en renouvelant notre intelligence. Il éduque nos émotions et soutient nos cœurs, Il nous remplit de sagesse et produit ainsi en nous une nouvelle nature (2 Cor 5: 17).

En nous guidant, ainsi dans notre marche avec Dieu, à travers les situations et les circonstances, par tous les temps, le Saint-Esprit nous attache à notre Dieu, nous délivre de nous-mêmes, de nos folies, de la tyrannie des désirs charnels et nous communique l'amour de la vérité. Il nous pousse à servir Dieu, à nous dépasser, à devenir membre de l'Eglise, du corps de Christ, membre actif, passionné et efficace ! Gloire à Dieu !

SAGESSE : de la connaissance à la capacité

Proverbes 1:7
La crainte de l'Éternel est le commencement de la science ; Les insensés méprisent la sagesse et l'instruction.

D'emblée, le lien entre la crainte de l'Eternel et la sagesse n'est pas évident. Pourtant, ceci est un principe fondamental. La deuxième partie du verset explique un peu la première: ceux qui veulent vivre en ignorants se posent peu de questions et surtout ne s'efforcent pas de reconnaître Dieu, encore moins de s'y soumettre: c'est en cela qu'ils sont insensés.

Ignorer Dieu, ses principes et sa volonté c'est manifester de la bêtise suprême car Il est présent et puissamment actif, quand même : c'est donc prendre un risque insensé. C'est aimer sa vie au point de la perdre, la Bible le dit, et c'est s'égarer alors que le chemin est indiqué et balisé.

Croire en Dieu et ne pas s'y soumettre participe de la même absurdité. Connaître l'existence de Dieu, comme les démons et refuser de le servir, c'est se condamner. Autant, selon Jean 3:16, Dieu a envoyé son Fils pour sauver ceux qui croient, autant selon le même passage, ceux qui choisissent l'incrédulité sont déjà condamnés. Refuser de prendre les Ecritures au sérieux peut coûter cher, et ce sont les insensés qui font consciemment ce choix.

Ils sont réellement insensés ceux qui se détournent de la vie en abondance que Dieu propose (Jean 10:10) pour galérer misérablement, même dans l'opulence toute leur vie (y compris l'éternité). La Bible oppose donc justement les insensés aux sages, et pas seulement à partir de leur CV mais plutôt selon leur réponse à Dieu, quand ils sont confrontés à Jésus-Christ. Celui qui refuse Jésus Christ refuse la chemin, donc préfère la perdition, refuse la vérité donc préfère le mensonge et la confusion, refuse la vie donc se destine à la mort, c'est à dire l'éternité sans Dieu.

Celui qui refuse Jésus Christ comme Sauveur et Seigneur personnel, refuse celui dans lequel sont cachés tous les trésors de la sagesse et de la connaissance (Colossiens 2:4); il préfère donc être et rester un insensé ! Dieu a voulu que nous soyons enrichis d'une pleine intelligence pour connaître (faire corps avec, adhérer pleinement, s'approprier totalement) ses mystères. (Colossiens 2:3).

Dieu veut se révéler à chacun de nous afin que nous comprenions sa volonté et que nous puissions l'accomplir. C'est un cheminement, un chemin de maturité qui passe par la prière fervente, l'adoration intense, la méditation assidue et des épreuves réussies avec patience, soumission et dévotion. Ce processus de maturation passe par le brisement, car Dieu courbe notre volonté, et sanctifie notre être intérieur afin qu'il puisse recevoir de son Esprit. Puis vient le renoncement: il faut non seulement se soumettre mais aussi et surtout s'abandonner comme un sacrifice vivant: vivant parce qu'il est bien question de vivre, de vivre pour Dieu et par Lui, mais de mourir à ses propres désirs, ambitions et idéaux, pour accepter ceux que Dieu désire nous inculquer.

Aucune réussite ne peut être considérée comme telle s'il ne s'agit pas de la volonté de Dieu qui nous a été imprimée sur les parois de notre cœur. Aucune réussite n'est considérée comme telle si elle n'a pas été accomplie selon Dieu, et pour sa gloire. Quand on comprend cela, on se laisse saturer par la présence de Dieu, afin de ne pas se trouver dans la situation de ceux qui se verront refuser l'entrée au repos céleste, après avoir cru œuvrer au nom du Seigneur. (Matthieu 7:22).

Ce renoncement permet à l'Esprit d'œuvrer en nous (Romains 12:1-2) et de construire en nous le "vouloir et le faire" selon Dieu (Philipiens 2:13);

Qui veut donc devenir sage, comprend que c'est en acceptant de reconnaître, se courber, se soumettre, s'abandonner à Dieu que l'on trouve le commencement de la sagesse. En effet, quand on s'abandonne et que l'on se laisse guider, l'Esprit de Dieu peut nous enseigner et nous diriger, ainsi nous devenons pleinement, réellement "enfants de Dieu" (Romains 8:14); nous ne sommes fils de Dieu que lorsque le Seigneur peut nous instruire, nous guider, se révéler à nous. Alors nous prenons le temps de le contempler et cela nous amène à Lui ressembler: *(2 Corinthiens 3:18)* : ***Nous tous qui, le visage découvert, contemplons comme dans un miroir la gloire du Seigneur, nous sommes transformés en la même image, de gloire en gloire, comme par le Seigneur, l'Esprit.***

Ce processus ne peut pas être enclenché chez des personnes fières, orgueilleuses, qui refusent de se courber et de s'abandonner devant Dieu.
La crainte dont parle ce verset, n'est donc pas une sorte de grande frayeur qui nous tient éloigné de Dieu, dans une ignorance maléfique et un esclavage infernal. Cette crainte est une révérence profonde qui nous mène à la repentance, à la foi, à la soumission, au brisement, au renoncement et à l'engagement.

Notre foi et notre amour pour Dieu, établis dans sa Parole, activés par son Esprit, nous poussent à obéir, à suivre celui que nous considérons comme notre Maître. Nous sommes donc par cette crainte/révérence enfant et disciple, ouvrier et adorateurs. Notre foi sans engagement serait morte, inactive et sans effet (Jacques 2:17) , tandis que celle que l'Esprit développe en nous, comme un fruit (Galates 5:23) nous pousse à nous engager en Dieu et avec Dieu, pour accomplir sa volonté.

Cette foi nourrie par la Parole s'engage dans un service préparé par Dieu Lui-même (Ephésiens 2:10) et c'est encore par la sagesse et la connaissance de ses principes que Dieu nous amène à comprendre et à faire ce qui lui plaît. Il serait insensé de choisir nous-même ce que nous voulons entreprendre et de considérer Dieu comme un distributeur de réussites. La crainte/révérence de l'Eternel nous pousse à l'honorer, à rechercher sa volonté pour l'accomplir. Cette recherche implique une vie à pas comptés, une marche prudente et à l'écoute du maître.

Cette marche prudente et sage nous amène à considérer notre Dieu comme la source de tout ce qui nous concerne et l'autorité suprême. Cela implique une gestion maitrisée de nos émois, désirs et une grande prudence face à tout ce qui nous est proposé et tout ce à quoi nous sommes confrontés. Cette crainte/révérence n'est pas une peur, mais un profond désir de trouver et de faire le choix de ce que Dieu veut. En cela nous devenons plus avisés, plus difficiles à manipuler. Nous ne cherchons à nous faire plaisir, nous ne sommes plus sous la tyrannie de la chair (Galates 5;16). Dès lors, en effet, que nous ne cherchons plus la gratification immédiate ou retardée de nos désirs charnels, mais que nous sommes obstinément à la recherche de ce qui plaît à Dieu, nous devenons de plus en plus avisés, capables de recevoir, comprendre et accomplir ce que Dieu veut.

Il est donc clair, que le commencement de ce processus de maturation, de sagesse, c'est la crainte/révérence de Dieu qui nous amène à la foi, la repentance, le brisement, le renoncement et l'abandon de soi...

LA SAGESSE :

(Proverbes 23:3-4
"C'est par la sagesse qu'on construit une maison, et par l'intelligence qu'on la rend solide. C'est grâce au savoir que les chambres se remplissent de toutes sortes de bien précieux et agréables".

J'ai cru longtemps avoir appris beaucoup et accumulé de nombreux savoirs et autant d'expérience. Parfois, la vie ressemble à ces CV que l'on rédige pour présenter sa candidature. Souvent, après avoir présenté son parcours professionnel à de nombreuses reprises, on finit par se convaincre de ses compétences et capacités.

Certes, me direz-vous quoi de plus normal que d'avoir un peu confiance en soi et de l'assurance dans ses qualités. Cependant, comme nous le rappelle ce passage des Ecritures, c'est par la sagesse que l'on bâtit sa maison. Il s'agit donc de quelque chose de plus. Il s'agit d'un ensemble d'éléments qui donnent du sens, permettent la productivité et la réussite. Il ne s'agit pas seulement d'une accumulation de savoirs ou d'une mosaïque d'expériences diverses, mais d'une véritable efficacité.

Cette efficacité pour construire sa vie vient de la sagesse divine: c'est une vertu essentielle qui procure une vie disciplinée et prudente qui nous fait marcher à pas comptés. Il suffit de voyager un peu, de changer de lieu de vie pour comprendre que ces compétences transversales doivent être construites tout au long de notre marche avec le Seigneur pour nous rendre capables et efficaces à travers les saisons et les lieux de notre pèlerinage sur terre.

On nous parle peu de ces compétences transversales, qui transcendent les temps, les lieux, les professions, les modes de vie, mais je réalise à mon âge, leur importance. Cet ensemble que Dieu appelle la sagesse est détaillé dans le livre des Proverbes, mais aussi à travers d'autres pages de la Bible comme dans l'épître de Jacques:
Jacques 3:17 La sagesse d'en haut est premièrement pure, ensuite pacifique, modérée, conciliante, pleine de miséricorde et de bons fruits, exempte de duplicité, d'hypocrisie.

Ainsi cette capacité de permettre à l'Esprit de Dieu de développer en nous son fruit aboutit à créer en nous une abondance de sagesse divine qui se manifeste par des compétences et capacités transversales. Dans tous les domaines, nous nous efforçons d'utiliser ces compétences pour réussir et construire. Cela ne signifie pas que les épreuves nous sont épargnées, et que la vie sera un long fleuve tranquille, au contraire. Mais c'est cette capacité à résister à l'adversité qui favorise l'action du Saint-Esprit en nous, construisant au plus profond de nous une maturité pleine de bon sens divin unique en son genre.

A travers les rictus de souffrance, et parfois les larmes du chagrin, nous sentons bien que la force est là : le courage de se taire, la force de résister aux provocations, la capacité d'analyse et une meilleure lecture des circonstances pour une meilleure compréhension. Moins de spontanéité, plus de réflexion, plus de prudence et de modération, un plus grand sens des responsabilités, tout cela nous amène à mieux reconnaître l'action de l'Esprit en nous.
Bien souvent, c'est dans la difficulté que se construisent ces éléments de sagesse. Ces éléments-là rendent notre vie solide, il faut donc veiller à laisser Dieu nous conduire à travers les circonstances et les saisons afin qu'Il puisse développer en nous cette intelligence divine.

Tout ce qu'on acquiert dans ce processus de maturité remplit notre vie de "biens précieux et agréables"... Mais on croit, trop souvent que cette éducation se fait dans la facilité et le confort... Alors, que c'est souvent dans les situations qui nous laissent perplexes que Dieu nous fait grandir..

SAGESSE : CIRCONSPECTION

Ephésiens 5:15 Prenez donc garde de vous conduire avec circonspection, non comme des insensés, mais comme des sages ;

Nous sommes généralement, nous les enfants de Dieu, prompts à critiquer et à juger ceux qui commettent des fautes ou des erreurs, voire les deux, mais nous sommes moins nombreux à pouvoir apporter de l'aide à ceux qui chancellent encore. En ce qui me concerne, je ne souhaite pas évoluer dans la première catégorie, pour avoir été jeune convertie et vulnérable, je sais que c'est à ceux qui peuvent réellement aider que j'ai eu recours.

C'est grâce à de telles personnes que j'ai grandi et mûri dans la foi. J'ai ainsi appris que pour marcher avec Dieu sans trop chanceler, il faut être déterminé et passionné. Il faut y mettre plus que de la discipline, il faut une passion pour Dieu que rien ne peut arrêter.. Il faut aimer Dieu au-delà de tout ce qu'on pouvait imaginer avant de le connaître, et par-dessus tout. Le premier commandement est en vérité le premier, le seul principe par lequel on marche avec Dieu. J'ai donc appris à nourrir mon amour pour Dieu :
-en prenant le temps d'absorber tout ce que le Seigneur me mettait en main. J'ai investi dans ma relation avec Dieu, je l'ai considéré comme si précieuse que rien n'était trop cher pour me permettre de m'éduquer. Je me suis mise ainsi à l'écoute de Dieu. Je me suis construite une bibliothèque incroyable et j'ai absorbé ce que le Père me mettait entre les mains... Souvent, quand je me trouvais confronté à une faiblesse, ou dans des moments de confusion, le Seigneur m'en indiquait la cause: le plus souvent un manque de connaissance, un manque de conviction profonde, un manque de révélation, de "rhema". Et tandis que je le suivais, Il a pourvu à mes besoins et j'ai dévoré toutes les lectures, appris toutes les leçons, reçu toutes les exhortations qu'Il avait d'avance préparées pour moi. Lui seul connaissait mes besoins, Lui seul pouvait rédiger l'ordonnance et prescrire les bons remèdes. Aucune de ces lectures ne m'a laissée indifférente.

Souvent, je terminai un ouvrage en larmes, pressée, et courbée devant Dieu. Les nombreuses notes qui figurent sur les livres que j'ai lus, en marge des passages qui m'ont touchée, peuvent témoigner de l'action de l'Esprit Saint en moi, par ces lectures. Dieu m'a donné des cours particuliers, et je ne peux que le louer pour cela. Cette éducation personnelle est irremplaçable ! Bien-sûr, j'allais au culte et aux diverses réunions organisées par mon église locale, mais je ne contentais pas de cela. Le Seigneur a été si présent dans ma croissance spirituelle, que très vite Il m'a donné accès à des ouvrages rédigés en anglais. Par sa grâce et ma passion pour Lui, je n'ai reculé devant aucun effort pour comprendre et maîtriser cette langue au point de pouvoir recevoir du Seigneur dans n'importe quel ouvrage qu'Il me mettait à cœur de lire. Je les lisais sans perdre le temps de les traduire, car le Seigneur m'a donné accès à cette langue, au point que bientôt j'ai privilégié toutes les productions en anglais, même la Bible ! Ainsi le Seigneur ne s'est pas contenté de me donner des injonctions et de me confronter à mes erreurs (car j'en ai fait), Il m'a enseigné selon mes besoins, m'a guidé dans sa Parole et a pourvu à mes besoins, au plus près et avec quelle efficacité ! Je sais maintenant que cette saison était indispensable !

-un deuxième facteur est déterminant, dans notre marche avec Dieu, c'est le temps, ou plutôt l'utilisation de notre temps. Notre relation avec Dieu a besoin de temps, beaucoup de temps. Cela signifie qu'il faut pouvoir consacrer du temps à notre croissance spirituelle. Il ne faut pas penser que la nourriture collective que l'on reçoit, en culte est suffisante. Les sermons, les exhortations se suivent et ne correspondent pas toujours aux besoins particuliers et spécifiques de chacun. Quand on connaît ses faiblesses et ses nombreux échecs, on doit donc être suffisamment conscient de ses besoins, pour permettre à l'Esprit d'œuvrer en nous pour nous libérer et nous fortifier. Ce temps, selon l'inspiration de Dieu doit nous permettre d'apprendre à notre rythme, de nous approprier la Parole, les principes de Dieu, de nous laisser remplir jusqu'à saturation de ce que Dieu dit. Il ne suffit pas de lire ou d'entendre une fois pour être convaincu, pour chasser ses stéréotypes et les éléments de sa culture.

Il faut, en plus, agir à partir des caractéristiques de sa personnalité : certaines personnes ont une mémoire auditive, d'autres ont besoin de l'écrit pour être vraiment "impacté" par une révélation, personnellement, je suis de ceux-là. C'est pourquoi Dieu m'a nourri à partir de l'écrit. Mais très vite, Dieu nous amène à dépasser nos limites et nous confronte à un mixage d'éléments de natures différentes de sorte que nous ne soyons pas limités mais au contraire que nous puissions recevoir de Lui, en tout temps, et de toute sorte de façon: car Il parle tantôt d'une manière et tantôt d'une autre. Ainsi, quand j'écoute, je prends des notes et je les relie à ce que j'ai déjà reçu pour que l'ensemble forme un tout cohérent sur des sujets divers. Je suis persuadée que si les hommes ont prévu des cursus en plusieurs années pour faire acquérir des savoirs et des savoir-faire aux jeunes, l'éducation chrétienne n'est pas moins importante, même si certains ne la prennent pas vraiment au sérieux...

Ce temps consacré à notre éducation chrétienne, permet aussi à l'Esprit saint de fortifier notre passion pour Dieu en nous communiquant une soif et un besoin de louange. Très vite, mieux on connaît Dieu, plus on a envie de le louer. Cette louange s'inscrit sur les parois de notre cœur, elle consolide et fortifie notre amour pour Dieu. Certes, on peut aimer Dieu dès notre conversion, mais il me semble que quand on prend le temps de connaître son Dieu, personnellement, on finit par tomber réellement amoureux de Lui. Sans cette passion pour Dieu, cet attachement intime, la discipline seule ne permettra pas de résister à toutes les tentations. Ainsi, plus on se sent fragile face à certaines pressions, plus il faut prendre le temps de se laisser pénétrer par la louange. Dieu a oint de nombreux chanteurs, en effet, afin qu'ils puissent nous entraîner dans la louange et l'adoration, scellant ainsi notre attachement au Père et purifiant nos pensées et nos cœurs de leurs mauvais penchants.

Cette saison, pendant laquelle on réside carrément sur l'avenue de la louange, doit durer aussi longtemps que Dieu le veut. Il sait ce dont nous avons besoin, et nous ne devrions jamais arrêter les processus qu'Il a enclenchés pour notre croissance spirituelle. Si, en plus, on se tient à l'écart des débats qui agitent constamment les assemblées, on a toutes les chances de prendre son envol en Dieu et de surmonter les difficultés, en s'équipant pour devenir une source de bénédictions. Il faut donc prendre cette relation avec Jésus au sérieux, et ne jamais cesser de la considérer comme ce que l'on a de plus précieux. Il faut pouvoir avancer en continuant à se nourrir à la table de Dieu, et ce d'autant que les défis et les situations difficiles s'accumulent.

Lorsque cette relation avec Dieu s'articule autour de la ceinture de vérité et la cuirasse de la justice, on ne peut qu'avancer. Et on avance de manière sûre et stable, on permet à Dieu de faire de vous un disciple solide. Tout cela n'a rien de nouveau, mais je veux insister sur deux éléments importants: l'aspect personnel, intime même de cette éducation spirituelle, et le fait qu'elle soit orchestrée par Dieu lui-même. J'insiste aussi sur le temps qu'il faut y consacrer et le sérieux de cette affaire. Quand on a ainsi pris l'habitude de marcher avec Dieu, intimement, il nous est plus naturel de prendre son attache dans tous nos choix et avant de poser des actes. En outre, plus on désire plaire à Dieu, plus on recherche sa sagesse afin de prendre des décisions pertinentes. On avance donc prudemment, avec précaution. On apprend à se méfier de la spontanéité et de tout ce qu'on fait sans réfléchir. On sait, surtout, que le malin se cache derrière chaque situation pour nous précipiter dans l'échec et la honte.

La Parole de Dieu en nous œuvre à nous rendre en tout capable de discerner la volonté de Dieu et les pièges du diable. Elle nous équipe afin que notre passion pour Dieu nous rende sensible à sa voix, à son projet pour nos vies, de sorte que nous marchions en Lui restant fidèle. C'est avec une écoute et une compréhension fine des Ecritures que l'on apprend à lire, analyser les situations, les circonstances et les gens avant de prendre des décisions ou de foncer tête baissée dans des propositions... J'insiste, cette circonspection ne peut s'obtenir sans une marche intime, à laquelle on consacre du temps et qui est alimentée, fortifiée par Dieu lui-même. Cette circonspection est produite par une croissance spirituelle, qui atteint ce stade de maturité. Elle est la conséquence du combat de la foi, de l'attachement au Seigneur, d'une compréhension fine des Ecritures et de la volonté de Dieu.

Cette maturité ne s'obtient pas en se contentant de ce qu'on reçoit au culte, dans les assemblées locales. Il faut effectuer de nombreux investissements pour acquérir des savoirs et des savoir-faire saturés de la sagesse de Dieu. Ce sont ces éléments qui nous permettent de "scanner" les situations et les gens avant de poser des actes. Pour toutes ces raisons, je me garde bien de juger les croyants et préfère être utilisée par Dieu pour les aider à vivre et à grandir dans sa présence.

CONNEXION : de l'enfant au disciple

Jean 15:15
Je ne vous appelle plus serviteurs, parce que le serviteur ne sait pas ce que fait son maître ; mais je vous ai appelés amis, parce que je vous ai fait connaître tout ce que j'ai appris de mon Père.

Ce passage implique tant d'éléments fondamentaux de notre foi, que nous ne savons par quoi commencer. D'emblée, nous avons envie de retenir le mot ami, qui implique une relation personnelle, intime voire même privilégiée avec le Seigneur.
Mais commençons par le début : nous sommes connus de Dieu ; Il nous connaît parfaitement, pour nous Il n'est pas seulement Dieu, Il est Abba , Père. Cela fait de nous des enfants de Dieu (Jean 1 :12), et puis Jésus son Fils, est notre grand frère : nous sommes donc des membres de la famille de Dieu. Membres par adoption pleine et entière, depuis que nous sommes nés de nouveau, au moyen de la foi, et pas seulement parce que nous avons une pratique religieuse.

Nous sommes aussi membres du corps de Christ, l'Eglise dont Il est la tête : à ce titre nous avons des responsabilités et des droits ; nous sommes citoyens du royaume de Dieu, de ceux qui vivent selon les Ecritures (Jean 4 :4). Les promesses de l'Eternel pour nous sont oui et amen. Nous nous attendons à Lui parce qu'Il est fidèle et ce qu'Il a dit, Il l'accomplit. Nous sommes de ceux qui ont tout en Jésus Christ : bénis de toutes les bénédictions spirituelles, dans les lieux célestes, en Christ Jésus (Ephésiens 1 :3), élus depuis la fondation du monde, nous avons la rédemption par le sang, la rémission des péchés, nous sommes aussi devenus héritiers.... (Ephésiens 1 :4-7).

Tout cela aurait pu faire de nous d'excellents serviteurs, à la gloire de Dieu. Mais l'Eternel est allé plus loin, Il a conçu un plan beaucoup plus favorable pour chacun de nous. Dieu ne veut pas seulement que nous soyons capables de le servir, mais aussi que nous nous approchions pour le connaître : que nous puissions l'invoquer, lui parler, et le comprendre. De nombreux passages de la Bible nous encouragent à bien comprendre ce que Dieu veut, ce qui indique que cela est important pour Lui :
Ephésiens 1 :8 que Dieu a répandue abondamment sur nous par toute espèce de sagesse et d'intelligence, nous faisant connaître le mystère de sa volonté, selon le bienveillant dessein qu'il avait formé en lui-même,

Ce verset nous explique, en effet, à quel point le Seigneur veut être compris par ses enfants : Il les a même dotés d'une intelligence et d'une sagesse pour y parvenir. Le serviteur n'a pas absolument besoin de tout comprendre pour servir : il lui suffit de recevoir les ordres et d'obéir. Il peut le faire sans réfléchir et exécuter ses taches sans se poser de question. Ce n'est pas le projet de Dieu pour nous. Bien que nous ne sommes pas capables de tout comprendre, le Seigneur a prévu que nous puissions, au moins en partie, le suivre et volontairement nous mettre à son service.
Comme avec un ami, nous nous confions dans le Seigneur, nous prêtons l'oreille pour recevoir ses conseils, nous recherchons sa présence, et nous apprécions sa compagnie. Nous cherchons à nous appuyer sur Lui, nous Lui confions nos secrets..
Nous recevons son amour, sa compassion, ses consolations, sa paix et Il nous procure de la joie. Comme un ami, Il nous est favorable, et sa sagesse ne nous fait pas défaut. Il est fidèle, et honore sa Parole. Il nous fait du bien. Mieux, Il facilite notre recours à son aide, en nous aidant à prier, par son Esprit. Quand nous Lui confions nos soucis, son bras devient puissant pour nous soutenir et Il n'hésite pas à déployer cette puissance pour secourir ses enfants, ses amis :

Ephésiens 1 : 19 ...et quelle est envers nous qui croyons l'infinie grandeur de sa puissance, se manifestant avec efficacité par la vertu de sa force ...

Parce que nous sommes amis, nous devenons serviteurs. Comment ne pas servir un Dieu si grand, si bon, comment rester indifférent à tant de grâce ? Comme l'apôtre Paul, nous devenons volontiers esclaves du Seigneur, en Lui abandonnant volontairement notre vie. C'est par cette relation d'amitié, que le Seigneur nous fait atteindre ce stade de maturité qui se caractérise par une passion pour Lui et pour son royaume. Il nous engage dans une relation intime et si riche que cette abondance de paix et de joie inonde nos cœurs et nous retient captif.

Comme cet homme de la parabole qui a trouvé un trésor dans un champ et qui va vendre tous ces biens pour acquérir le champ, plus rien ne compte pour nous que de servir le Seigneur, que d'être concerné par tout ce qui le concerne, que d'être entièrement à son service. Cette relation d'amitié avec Dieu supplante tout le reste, elle passe avant tout. Malgré les bourrasques et les difficultés, nos yeux fixent celui que notre cœur aime. Il devient notre raison de vivre, et satisfait les moindres soupirs et aspirations de nos âmes.

Ah ! Que c'est bon de se souvenir que Dieu nous veut amis et pas seulement serviteurs : que c'est bon de s'épancher sur Lui, de lui confier nos vies, de s'abandonner tout entier. Que c'est bon de pouvoir répondre à son amour avec un cœur reconnaissant. Que c'est bon de pouvoir comprendre et coopérer avec notre Dieu, de faire ce qui Lui plaît.

ADORATION : de la louange à l'adoration

Jean 4 :23 Mais l'heure vient, et elle est déjà venue, où les vrais adorateurs adoreront le Père en esprit et en vérité ; car ce sont là les adorateurs que le Père demande.
Apocalypse 19 :10 Et je tombai à ses pieds pour l'adorer ; mais il me dit : Garde toi de le faire! Je suis ton compagnon de service, et celui de tes frères qui ont le témoignage de Jésus. Adore Dieu. -Car le témoignage de Jésus est l'esprit de la prophétie.

Aux temps indiqués, le Christ est venu avec la révélation de la grâce et de la vérité. Autrefois, le peuple de Dieu devait se contenter d'une connaissance de l'Eternel faites de révélations fragmentées, données progressivement, de dispensation en dispensation, tandis que le Père construisait en l'homme la compréhension des choses célestes, la notion de peuple choisie, de race élue.

Ainsi Israël a cheminé avec l'Eternel, dans un parcours qui peut sembler chaotique mais qui a permis au monde de découvrir un Dieu unique, attentif à la destinée des hommes qu'Il a créés et désireux de s'impliquer dans leur quotidien. Le Père s'est acharné à se présenter comme un Dieu normatif, farouchement opposé au désordre, au chaos, aux mélanges et résolument déterminé à établir une séparation définitive entre le profane et le sacré, ce qui est céleste, divin et ce qui ne l'est pas.

Les hommes ont été contraints d'apprendre à se positionner face à ce Dieu unique qui ne tolère aucun mélange des genres, aucun syncrétisme, aucun compromis entre la lumière et les ténèbres. Ils ont dû apprendre à courber leur cœur et leur volonté devant l'immense bonté du Père, sa volonté qui gouverne leur destinée. D'abord, en les séparant des ténèbres, du chaos du monde, de la confusion ténébreuse des autres peuples, le Père a établi entre Lui et son peuple, une relation basée sur la crainte. En se présentant comme Dieu unique, Maître de l'univers, comme Il la fait, dans la Genèse, l'Eternel inspire une révérence éperdue, profonde, unique et irremplaçable à son peuple.

Cette crainte servira, pendant toutes les dispensations de l'Ancienne Alliance, de base à la relation que Dieu construit avec cette race élue. Les juifs le connaîtront et le craindront, le serviront et répandront la crainte de ce Dieu, au-delà de leurs frontières, jusque dans les territoires où ils seront emmenés captifs, par leur désobéissance. Chaque fois que ce peuple se tournera vers d'autres pratiques religieuses, et se risquera à craindre d'autres divinités, l'Eternel leur a signifié sa colère.

Cependant, la pratique collective de la religion instituée par les commandements et la loi donnée par Moïse, puis plus tard, complétée par les instructions et injonctions des lévites et autres pharisiens, ne permettaient pas au peuple de s'approprier personnellement une relation avec Dieu, basée sur autre chose que la crainte. L'histoire de ce peuple fait ressortir à quel point cela n'était pas suffisant. Dans son amour profond, et sa grande miséricorde, le Père est allé plus loin. Déjà, en Genèse, Il avait annoncé un rachat de l'homme, par l'utilisation de la femme (Genèse 3 :15). Dieu savait qu'en Jésus Christ, Il ramènerait l'homme à Lui, dans une relation plus personnelle, plus intime qui lui permettrait de se révéler plus profondément, et de se faire aimer, cette fois.

C'est pourquoi, la Nouvelle Alliance introduit un autre type de relation avec Dieu. Jésus nous apprend à prier chacun, en s'adressant directement au Père, à celui qui est devenu source de vie pour chacun de nous, sans besoin de sacrificateurs, d'intermédiaires autre que le Christ qui a donné sa vie pour instaurer ce type de relation entre Dieu et nous. Lorsque l'Eternel devient notre Père, c'est une relation d'amour, basée sur son amour pour nous, son regard sur nous, ses plans pour nous, qui est ainsi établie, nourrie et développée en nos cœurs. C'est par cette relation que nous sommes transformés et cela provoque en nous, des torrents de louanges.

Lorsque nous acceptons Christ comme Seigneur et Sauveur personnel, cette nouvelle naissance nous établit dans une relation personnelle avec Dieu qui est la seule véritable. Elle nous donne accès à la vérité, à la plénitude de révélations de Dieu et de ce qui le caractérise. Nous entrons ainsi dans une dimension de réalités spirituelle où la présence de Dieu rayonne. Nos cœurs s'ouvrent à sa gloire, sa volonté, son ordre divin. Nous pouvons désormais appréhender tout ce que le Père veut nous communiquer, notre relation avec Lui est constituée de toute la vérité qu'Il a voulu nous révéler, dès lors notre adoration est juste et spirituelle.

La vraie adoration est celle-là qui est orchestrée en nos cœurs par l'Esprit Saint demeurant en nous et nous révélant le Père, sa volonté, sa pensée. C'est pourquoi le plan du salut inclut une connaissance personnelle, intime, cœur à cœur avec le Père, en Jésus, seul médiateur entre les hommes et Dieu. C'est ce que l'Eternel avait annoncé dès l'Ancien Testament : « Je leur donnerai un même cœur, Et je mettrai en vous un esprit nouveau ; J'ôterai de leur corps le cœur de pierre, Et je leur donnerai un cœur de chair, » (Ezéchiel 11 :19-20).

Ce plan, Il le répète dans la Nouvelle Alliance : « Voici l'alliance que je ferai avec eux, Après ces jours-là, dit le Seigneur : Je mettrai mes lois dans leurs cœurs, Et je les écrirai dans leur esprit, il ajoute : Et je ne me souviendrai plus de leurs péchés ni de leurs iniquités. Afin qu'ils suivent mes ordonnances, Et qu'ils observent et pratiquent mes lois ; Et ils seront mon peuple, et je serai leur Dieu.» (Hébreux 10 :16-17).

Voilà pourquoi nous pouvons adorer aujourd'hui en esprit et en vérité : c'est d'abord parce que le péché qui nous séparait de Dieu est ôté par le sacrifice de Jésus et notre appropriation personnelle de cette rédemption. Dès lors qu'ainsi nous remettons notre vie au Père, notre esprit revient à la vie et rentre dans la dimension glorieuse qui donne accès au trône. Désormais nous n'adorons pas seulement de loin, une divinité dont nous avons entendu parler, mais un Dieu que nous connaissons et dans la présence duquel nous vivons au quotidien. Nous Lui donnons la place qu'Il doit avoir, notre cœur est vraiment courbé, plus façonné par sa glorieuse présence et subjuguée par sa glorieuse majesté. La vérité nous envahit, nous dévoile le visage de notre Père et nous donne accès à sa pensée. Oui en Jésus le voile est déchiré et nous pouvons vivre, au quotidien, dans le lieu très saint.

Il faut noter que l'adoration est à la fois un statut et une activité. Enfants de Dieu, nous sommes aussi adorateurs, l'adoration fait partie de notre nature nouvelle, de ce que nous sommes. De même que déclarés justes, par la simple volonté de Dieu, au crédit de notre foi en Jésus Christ Seigneur et Sauveur, et que nous marchons par la foi, de même nous sommes adorateurs, et nous nous adonnons, nous marchons dans l'adoration de notre Dieu. Ce n'est donc pas un fonctionnement religieux : nous n'adorons pas occasionnellement, certains jours de la semaine, en certains lieux dédiés. Nous sommes adorateurs, par nature et notre posture, en tout temps, est celle de celui qui est profondément courbé devant Dieu, qui le reconnaît comme Souverain et Maître de sa vie et de l'univers tout entier. Notre positionnement dans ce monde est celui d'un humain qui vit en totale dépendance, reconnaissant en contemplation et en action la majesté souveraine de Dieu.

Comme pour tous les autres éléments de notre vie spirituelle, l'Eternel nous fait progresser, dans le domaine de la louange, à partir de situations vécues jusqu'à un fonctionnement purement abstrait et spirituel. D'abord, constatant les bienfaits du Seigneur dans notre vie, ses interventions efficaces et tout le bien qu'elles nous procurent, nous explosons de joie et notre louange s'exprime par des chants et des danses, des manifestations de reconnaissance et de gratitude envers notre Dieu. A elle seule, dans un effet tourbillonnant, cette louange est porteuse d'enthousiasme, de bienfaits nombreux sur notre organisme, sur notre fonctionnement émotionnel et spirituel. Nous nous attachons chaque jour, d'avantage au Seigneur, parce que nous faisons l'expérience de sa présence, de sa bienveillance et de sa fidélité. Nous répondons à son amour par un attachement, une consécration qui grandit à mesure que nous cheminons avec Lui.

Notre louange induit d'autres bienfaits sur notre vie spirituelle : elle nous pousse à passer plus de temps à découvrir notre Dieu, à nous abandonner à des activités purement spirituelles : lire et méditer la Parole, chanter des psaumes, des cantiques, prier et servir. Nous renonçons à certains loisirs, pour consacrer plus de temps à connaître Dieu. Nous remplaçons des éléments culturels qui nous divertissaient autrefois par des chants de louange qui nous nourrissent notre foi et nous font du bien.

Tandis que nous cheminons ainsi, avec le Seigneur, notre cœur s'attache aux siens, tissent des liens extrêmement forts avec sa présence, sa Parole et se construit comme une habitation sûre pour son Esprit. Le Père nous ayant ainsi acquis à son amour poursuit notre éducation et progressivement nous amène à faire de Lui la source de lumière et de vérité de toute notre vie. Nous ne désirons nous alimenter que de sa Parole, ses principes et sa volonté. Ce niveau de consécration s'accompagne d'une réelle passion pour le royaume de Dieu, au point que servir s'impose à nos cœurs.

Par ailleurs, notre foi désormais solidement ancrée dans la Parole et la connaissance de Dieu, peut désormais être éprouvée et testée. Ces saisons d'adversité sont d'autres occasions de compter sur l'Eternel, de s'attendre à Lui, d'attendre patiemment en s'appuyant sur ses promesses, sans cesser de le louer. En anticipant la victoire divine, nos cœurs résistent au découragement et s'obstinent à proclamer les louanges de notre Dieu fidèle auquel rien n'est impossible.

Cependant, le Père poursuit notre croissance spirituelle, pour nous amener à un niveau plus élevé. Il désire que nous sachions articuler notre foi à une capacité d'abstraction totale. Comme pour les autres éléments de notre vie spirituelle et fidèle à la progressivité qu'Il met en œuvre dans toutes ses interactions avec les hommes, le Seigneur nous fait avancer, dans une progression spiralaire, en restant toujours proche de notre zone proximale de développement, comme disent les pédagogues. Il nous entraîne à passer du concret, à l'abstrait ; du stade du vécu au niveau de la compréhension de principes, de phénomènes qui échappent à nos ressentis mais qui régissent notre vie.

Nous passons ainsi d'une connaissance expérimentale, vécue, ressentie, à des savoirs et savoirs faire, qui ne dépendent plus des circonstances. Nous devenons capables d'appréhender, de comprendre, d'évoluer en utilisant les lois du Royaume, les principes éternels et inconditionnels qui régissent la sphère, l'immensité de la présence de Dieu et de sa volonté. Ainsi, même dans les moments difficiles, et quelles que soient nos situations, nous devenons capables de vouer à Dieu un culte profond et purement spirituel qui nous attache à Lui de manière inconditionnelle : nous l'adorons. Nous lui vouons nos vies, nous devenons capables de l'adorer au point qu'Il gouverne toute notre existence, qu'Il dirige toutes nos voies. Notre cœur désormais transformé est rendu capable de soumission, d'obéissance, de révérence, non plus par la crainte mais par un amour fusionnel qui nous unit à Dieu, dans une adoration éternelle.

Cette adoration transcende les temps, elle se poursuivra jusque dans l'éternité en sa présence. Elle participe de tout ce que le Père déploie pour nous transformer en profondeur, changer nos dispositions, nos penchants, nos aspirations, nos idéaux et pas seulement nos habitudes. Cette adoration nous transfère de la sphère du monde à celle du royaume, aux pieds du Père pour vivre au son de sa voix, au rythme de sa volonté. Cette adoration nous propulse dans notre destinée, et garde totalement dévoués à Dieu.

Nous sommes ainsi passés du remerciement à la reconnaissance, de la gratitude à l'attachement, de la fidélité à la consécration, de la piété à l'adoration. D'enfant de Dieu, nous devenons disciple, puis ouvrier avec Dieu. Enfin, ce qui est formidable c'est que nous resterons dans cette dimension, à ce niveau pour l'éternité. Comme David, en effet, nous désirons vivre ainsi, et c'est notre prière, notre requête suprême : « Je demande à l'Éternel une chose, que je désire ardemment : Je voudrais habiter toute ma vie dans la maison de l'Éternel, Pour contempler la magnificence de l'Éternel Et pour admirer son temple. » (Psaume 27 :4).

Nous avons compris et nous nous en réjouissons : notre vie se situera toujours dans la tension entre la contemplation et l'action. L'un ne va pas sans l'autre, dans notre relation avec Dieu.

Nous voulons être dans l'action, ouvrier avec le Seigneur, sans jamais être si captivés par le faire que nous pourrions négliger l'adoration. Nous avons perçu à quel point c'est par l'adoration que le Seigneur nous garde dans sa présence, nous construit dans cette interaction entre nos cœurs et sa volonté, et nous préserve de l'orgueil, de la vanité de ce monde. Nous avons été transférés dans le Royaume de Lumière de notre Dieu et nous voulons y vivre pour l'éternité…

LIBERTE : de la mort à la vie...

Genèse 1:26
Puis Dieu dit : Faisons l'homme à notre image, selon notre ressemblance, et qu'il domine sur les poissons de la mer, sur les oiseaux du ciel, sur le bétail, sur toute la terre, et sur tous les reptiles qui rampent sur la terre.
Dieu créa l'homme à son image, il le créa à l'image de Dieu, il créa l'homme et la femme.
Dieu les bénit, et Dieu leur dit : Soyez féconds, multipliez, remplissez la terre, et l'assujettissez ; et dominez sur les poissons de la mer, sur les oiseaux du ciel, et sur tout animal qui se meut sur la terre.

De toutes les pensées de Dieu pour l'homme, la liberté semble être le principe fondamental, l'ossature de tout ce que le Créateur a pourvu pour nous. Créés à son image, nous ne pouvons être que libres, fondamentalement libres. Notre liberté n'est même pas limitée par Dieu, la preuve c'est que dès les prémices de notre existence, nous l'avons utilisée pour faire de mauvais choix.

Disons, d'emblée, que la liberté ne peut se comprendre, selon les Ecritures, que lorsque le statut de l'homme vis-à-vis de son Créateur lui permet d'évoluer, en toute dépendance et sans la pression de l'orgueil ou de tout ce qui peut l'influencer loin de la volonté de Dieu. En effet, on ne peut parler de liberté que lorsque le péché, ce qui sépare l'homme de l'Eternel, est ôté. Avant la chute, l'homme était libre, après la Nouvelle naissance, l'homme est libre. Libre d'évoluer dans la présence du Père, de le comprendre, de le suivre, de se construire en interaction avec sa pensée et sa volonté.

Dieu aurait pu nous créer comme les anges, et s'éviter ainsi bien des soucis. Mais Il a préféré nous créer à son image, et donc nous doter d'une absolue liberté. Ce principe de souveraineté de la volonté est essentiel parce que c'est de notre plein gré que nous devons choisir de nous soumettre à Dieu pour coopérer avec Lui.

Certains y verront une restriction du champ d'utilisation de la liberté, et en seront attristés. Pourtant, il est clair, que la liberté de l'homme, découlant de sa ressemblance à Dieu, s'exerce dans le champ de la pensée du Père pour l'humanité, pour le rayonnement de l'homme dans son environnement. Cette liberté s'articule alors, avec toutes les vertus du cœur de l'humain qui devront être mises en action pour que la vie s'épanouisse sur terre.

Le Créateur, n'avait certainement pas voulu que l'homme utilise sa liberté pour piller, ravager, souiller et détruire son environnement. Il n'avait pas destiné l'homme à s'autodétruire en abusant de toxines trouvées dans son environnement ou en détournant certains éléments de leurs usages naturels. Cette liberté ne s'apparente d'ailleurs plus à une liberté, mais à un esclavage, tant l'homme est devenu dépendant de ces exactions et de leurs effets. C'est au point que l'apôtre Paul décrira avec un réalisme étonnant, en son temps la condition devenue si misérable de l'homme : *»Nous savons, en effet, que la loi est spirituelle ; mais moi, je suis charnel, vendu au péché.*
Car je ne sais pas ce que je fais : je ne fais point ce que je veux, et je fais ce que je hais.
Or, si je fais ce que je ne veux pas, je reconnais par-là que la loi est bonne
Et maintenant ce n'est plus moi qui le fais, mais c'est le péché qui habite en moi.
Ce qui est bon, je le sais, n'habite pas en moi, c'est-à-dire dans ma chair : j'ai la volonté, mais non le pouvoir de faire le bien
Car je ne fais pas le bien que je veux, et je fais le mal que je ne veux pas.
Et si je fais ce que je ne veux pas, ce n'est plus moi qui le fais, c'est le péché qui habite en moi.

Je trouve donc en moi cette loi : quand je veux faire le bien, le mal est attaché à moi.
Car je prends plaisir à la loi de Dieu, selon l'homme intérieur ;
mais je vois dans mes membres une autre loi, qui lutte contre la loi de mon entendement, et qui me rend captif de la loi du péché, qui est dans mes membres
Misérable que je suis ! Qui me délivrera du corps de cette mort ? » (Romains 7:14-18)

Ce n'est certainement pas l'état dans lequel Dieu avait créé l'homme. En se laissant piéger par le diable, Adam et Eve n'avaient pas compris l'enjeu de la première tentation. Cette connaissance du bien et du mal, promise par l'ennemi de nos âmes, n'a pas renforcé leur liberté, elle l'a annihilée. Cette première utilisation de la liberté avait largement dépassé le cadre de la volonté de Dieu et consistait même en une brutale transgression, un manque de confiance évident dans le Créateur.

Quel principe donc va prévaloir à la vie de l'homme pour préserver cette liberté originelle et se maintenir dans la présence de Dieu ? Un principe simple mais qui doit être mis en application en permanence, sans dérogation possible, et sans faillir : la foi. Parce que la foi possède cette vertu qui donne à Dieu accès à nos cœurs, et qui nous donne en retour accès au royaume de lumière de Dieu, elle nous permet d'adhérer puissamment à Dieu, de lui rester fidèle, en tout temps et de garder en nous sa Parole, agissante et efficace.

Il fallait ce principe d'adhésion volontaire à la souveraineté de l'Eternel, de soumission à son ordre divin, pour que l'homme retrouve sa liberté originelle, alors que tout, en lui, va être régénéré par l'action conjuguée de la Parole et de l'Esprit Saint. La foi permet de courber le cœur devant la majesté du Seigneur et d'avoir accès à sa gloire. Transférés dans le royaume de lumière, notre cœur est inondé et saturé de vérité, dès lors notre liberté est recouvrée. La seule réponse au problème de notre nature pécheresse est la foi, la soumission volontaire et consciente au plan du salut que Dieu a mis en œuvre en Jésus.

La foi permet ainsi à l'Esprit de Dieu d'œuvrer en nous. Parce que nous utilisons notre liberté pour nous soumettre à Dieu et lui donner un accès total à notre être tout entier, sans le limiter en rien, nous coopérons ainsi avec notre Créateur qui peut nous guider, nous conduire. Dès lors, notre liberté est renforcée, parce qu'elle s'exerce loin et malgré les pressions des hommes, de l'ennemi de nos âmes, et même des tensions et résistances de notre propre corps. La foi nous élève ainsi dans cet espace de liberté que Dieu a prévu pour nous. Elle nous permet d'évoluer dans cette dimension spirituelle où la vie (zoé) de Dieu en nous, s'épanouit et accomplit sa volonté.

C'est pourquoi Dieu a établi de longue date que l'homme vivra par la foi :
Habakuk 2:4 Voici, son âme s'est enflée, elle n'est pas droite en lui ; Mais le juste vivra par sa foi.
Un principe essentiel que Dieu répètera dans le Nouveau Testament, tant il est vrai que les hommes de tout temps et de partout devront vivre ainsi :
Romains 1:17 parce qu'en lui est révélée la justice de Dieu par la foi et pour la foi, selon qu'il est écrit : Le juste vivra par la foi

C'est au point que désormais, la liberté ne se peut retrouver que dans ce contexte de marche par la foi. En effet, aucune autre attitude n'est acceptable devant Dieu (Hébreux 11:6). De plus, il ne s'agit pas seulement de croire, mais de s'approprier le message de la croix. Il s'agit désormais de reconnaître le sacrifice de Jésus sur la croix, sa mort, son sang versé, sa résurrection comme le moyen unique de s'approcher de Dieu INDIVIDUELLEMENT. Ce qui fait du christianisme une religion c'est son aspect collectif, ce qui fait de la foi une relation c'est son aspect personnel.

C'est à titre personnel que celui qui croit dans le sacrifice de Jésus se repent, reçoit le pardon de ses péchés, et se soumet volontairement à la souveraineté de Dieu, par Christ. C'est à titre personnel que celui qui croit dans les Paroles de Christ, l'Evangile, est réconcilié avec Dieu, par sa foi. Dès lors, il est justifié, par cette même foi, sachant que cela est rendu possible par la grâce de Dieu.
Romains 5:1 Étant donc justifiés par la foi, nous avons la paix avec Dieu par notre Seigneur Jésus - Christ.

Dès lors que cette démarche est accomplie, le croyant se retrouve dans une dimension de liberté qu'il découvre progressivement et dont il va pleinement bénéficier avec le temps. Certaines chaînes vont tomber instantanément, d'autres plus lentement, mais sûrement car l'action conjuguée de la Parole et de l'Esprit est certaine, puissante et efficace. Par la grâce de Dieu, chaque cœur peut être ainsi restauré dans sa liberté première. Ainsi la vie (zoé), la vie selon Dieu, c'est-à-dire la vie de liberté à laquelle Dieu nous avait destinée peut ainsi s'épanouir dans le racheté, selon la promesse solennelle de Jésus dans l'Evangile :
Jean 10:10 Le voleur ne vient que pour dérober, égorger et détruire ; moi, je suis venu afin que les brebis aient la vie, et qu'elles soient dans l'abondance.

Cette vie en abondance, a souvent été limitée, par de nombreux orateurs, a une vie de réussites et de possessions d'ordre matériel nombreuses, mais si elle inclut ces choses, elle va bien au-delà. Il s'agit bien de la vie selon Dieu, la vie de liberté à laquelle nous sommes chacun destiné. Cette dimension de liberté et donc d'abondance nous permet de rayonner dans notre environnement selon le plan de Dieu pour nos vies, et de n'être limité en rien. Comme Paul, nous savons être dans l'abondance ou le dénuement, car ce qui importe c'est de rester libre d'accomplir la volonté de Dieu. C'est à ce niveau de liberté que le Père veut amener chacun. Une liberté vraie, car aucune contrainte ne nous limite d'autres que notre volonté dans laquelle nous nous sommes appropriée la pensée de Dieu, sa volonté, ce qui lui plaît.
C'est le but ultime de la rédemption, le niveau de liberté où l'humain rayonne dans le divin, articule sa vie à celle des autres, selon la volonté de l'Eternel, et prend tout son sens et toute sa portée. C'est le niveau où l'homme est réellement ouvrier avec Dieu pour gérer la Création, comme Dieu l'avait initialement établi, le retour à l'état originel de l'homme. Là encore, le Seigneur nous fait progresser du concret, du vécu à l'abstrait, à l'appropriation

HUMILITE : De son abaissement au nôtre...

Hébreux 10:7 Alors j'ai dit: Voici, je viens (Dans le rouleau du livre il est question de moi) Pour faire, ô Dieu, ta volonté. Après avoir dit d'abord: Tu n'as voulu et tu n'as agréé ni sacrifices ni offrandes, Ni holocaustes ni sacrifices pour le péché (ce qu'on offre selon la loi), il dit ensuite: Voici, je viens Pour faire ta volonté. Il abolit ainsi la première chose pour établir la seconde. C'est en vertu de cette volonté que nous sommes sanctifiés, par l'offrande du corps de Jésus Christ, une fois pour toutes.

Voilà notre exemple, par excellence, quand nous parlons d'humilité. Dans l'épître aux Philippiens, l'apôtre Paul nous présente notre Sauveur comme humble au point de ne pas considérer comme une proie à arracher d'être l'égal de Dieu mais d' accepter de prendre forme humaine, comme un serviteur pour venir accomplir la volonté parfaite du Père, (Philippiens 2:5-8). Ici, l'auteur de l'épître aux Hébreux insiste et dévoile ce qui s'est passé avant que Christ n'entre dans le monde.

Nous le voyons dans les cieux, aux côtés du Père, révélant la volonté, le plan du salut et exprimant, affirmant, établissant sa soumission parfaite à ce plan pour que les buts de Dieu soient atteints. Il n'est jamais question de son statut, de son ambition personnelle, des inconvénients pour Lui, ni des avantages futurs mais de la volonté de Dieu. L'humilité de Jésus fait écho à l'orgueil, les prétentions de Satan qui l'ont propulsé dans l'échec, la damnation éternelle. Là où cet ancien ange de lumière flamboyant et admirable à échoué, Jésus a réussi. À la vanité de l'ennemi, il oppose l'humilité suprême qui s'efface devant Dieu pour que l'Eternel règne sans partage et que sa volonté se fasse.

Dès le départ, Jésus adhéré, fusionné avec la volonté de Dieu, et se soumet. Il se soumet déjà dans les cieux et sur la terre, se soumettra, jusqu'au bout. Il se positionne de telle sorte que toute la volonté du Père, dans ses moindres détails puisse s'accomplir: là est la condition indispensable à la réussite totale du plan divin. Jésus disparaît en tant qu'égal de Dieu et prend totalement le rôle de serviteur qu'il doit endosser pour sauver l'humanité. Le Père peut compter sur son obéissance totale. Jésus ne faillira pas car son humilité le rend étanche à toute influence contraire et perspicace pour discerner et faire échouer tous les plans de l'ennemi.

C'est simple, Jésus ne veut rien pour lui-même, il ne laisse donc aucun accès au diable pour le séduire. Il est parfaitement conscient de ce que veut le Père, Il a parfaitement compris toutes les dimensions du plan de Dieu. Il a accepté de mettre en œuvre ce plan quoiqu'il lui en coûte, car ce qui compte c'est le salut de l'homme. Dès lors, tout, dans ce que Dieu révèle aux hommes, depuis la Genèse, jusqu'à l'apocalypse pointe vers Jésus, le Sauveur et Seigneur.
Le Père proclame le Fils Sauveur et Seigneur dans tout ce qu'il institue dans ses interactions, ses différentes alliances, dans chaque dispensation de l'histoire de l'humanité.
Ainsi, tout depuis ce qu'Il révèle à Abraham, puis à Moïse, tout ce qui est institué, toutes les prophéties annoncent et établissent le rôle et la nature du Sauveur.

Le Père peut ainsi proclamer le Fils qui s'est déjà soumis, dans les cieux, parfaitement à sa volonté. Avant sa venue sur terre, le principe de son rôle, est déjà établi, sur terre, tant le Père sait que le Fils ne faillira pas. L'humilité absolue de Jésus était la garantie qu'il ne suivrait pas le chemin de l'échec comme le premier Adam. Jésus accepte sa place, son rôle, sa fonction, dans le plan de Dieu, se soumet totalement, pour obéir complètement, afin que Dieu règne vraiment. Le Père peut donc tout placer entre ses mains. Lui, le verbe de Dieu, la Parole faite chair, sans qui rien n'a été fait, selon Jean, a accepté de s'humilier jusqu'à porter nos péchés, les clouer sous le bois de la malédiction pour nous libérer.

Aucune autre caractéristique de sa personnalité, aucun autre de ses attributs n'est plus important à considérer que son humilité, sans laquelle le plan du salut aurait pu être tenu en échec. Cette humilité, avant même de produire l'obéissance sur la terre, permet à Jésus de fusionner avec le plan du Père, sans faille possible. Dès la conception du plan Jésus est solide, infaillible, complètement fiable, parce qu'il n'y a en lui aucun accès pour l'orgueil, la vanité, l'arrogance.

Ce type d'humilité lui permettra de s'abaisser à prendre forme humaine, d'entrer dans le monde comme les autres humains, et d'avoir à se soumettre, à l'ordre social de son temps. Jésus ne s'épargne rien, ne prend aucun raccourci, ne peut être accusé d'avoir utilisé sa condition, ses pouvoirs, ses attributs, pour pourvoir à ses besoins, ou accomplir sa propre volonté. Tout en lui était focalisé sur la volonté du Père, pour l'accomplir dans ses moindres détails. De Dieu, il fallait qu'Il devienne homme pour racheter les humains, en payant tout le prix, en accomplissant toutes les exigences de la justice divine. Par son humilité Jésus a reçu le nom au-dessus de tout nom, parce qu'il a permis à Dieu de faire toute sa volonté.

HUMILITE

Matthieu 3:15 Jésus lui répondit: Laisse faire maintenant, car il est convenable que nous accomplissions ainsi tout ce qui est juste. Et Jean ne lui résista plus.

Nous retrouvons donc notre Seigneur sur terre. Jésus vient dans le monde, sous forme humaine, et accepte de se soumettre non seulement à Dieu le Père, mais aussi à tout l'ordre social que l'Eternel a établi. Il ne prend pas de raccourci, ne s'autorise aucune initiative personnelle. Jésus sait que chaque Parole est importante, chaque détail institue par le Père correspond à un principe éternel qui satisfait à la justice divine. Il agit donc de telle sorte que l'ennemi ne puisse affecter le plan de Dieu.

L'humilité de Jésus lui permet de se maîtriser, de rester maître de son obéissance, de sa détermination a servir Dieu, exactement selon sa volonté. Jésus sait que l'ennemi l'observe et attend la faille, la faiblesse pour aller l'accuser, pour le pousser à l'échec. Le Seigneur connaît l'enjeu de sa mission, il ne prend aucun risque. Ce plan est établi depuis avant la fondation du monde, il n'est pas question d'échoue. Jésus connaît la grande faiblesse de l'ennemi : son orgueil qui le pousse à essayer de rivaliser, de se mesurer à Dieu, d'essayer de détruire tout ce que Dieu veut accomplir. Jésus sait que l'ennemi va tenter de le pousser à la faute, comme il a fait avec le premier Adam.

Alors il reste déterminer à mettre en œuvre le plan prévu, à la lettre. Il est là où Dieu le veut, quand le Père veut. Il dit ce que le Père l'a envoyé dire, Il fait ce que le Père l'a envoyé faire.
Jésus fait ce que le premier Adam n'a pas su faire. Il s'applique à obéir à toutes les instructions de Dieu. Il connait la puissance réelle et terriblement efficace de l'humilité et de l'obéissance.
Ne revendiquant aucun statut, contrairement aux pharisiens, Il n'a aucun problème à se faire baptiser comme un homme, par un serviteur choisi pour annoncer sa venue.

Il laisse ce serviteur remplir son rôle jusqu' au bout, Il ne se substitue pas à Lui avant le temps. Parce que Jésus est parfaitement humble, Il sait respecter le temps de Dieu et cela ne lui coûte pas. Il n'a pas besoin de se forcer pour rester humblement soumis au plan divin, Il sait que le temps est aussi un élément primordial à respecter. L'ennemi ne trouve en notre Sauveur aucun accès, aucune porte ouverte, aucune faiblesse à exploiter. Comme il le demande à Jean Baptiste, Il le fait Lui-même: il laisse le Père faire.

HUMILITE ET LIBERTE

<u>Nombres 13:27</u> *Voici ce qu'ils racontèrent à Moïse : Nous sommes allés dans le pays où tu nous as envoyés. A la vérité, c'est un pays où coulent le lait et le miel, et en voici les fruits.*
<u>13:31</u> *Mais les hommes qui y étaient allés avec lui dirent : Nous ne pouvons pas monter contre ce peuple, car il est plus fort que nous.*
<u>Jean 8 :36</u> *Si donc le Fils vous affranchit, vous serez réellement libres.*

Malgré les miracles extraordinaires dont les enfants d'Israël avaient été témoins, la vérité de la fidélité de Dieu, de la puissance de sa Parole et de ses promesses n'étaient pas ancrés dans ce peuple. Leur chair avait vu, mais leur âme n'avait pas été conquise. Leur raisonnement était limité par leurs schémas de pensée, et la foi n'avait pas pu s'enraciner dans leur cœur. Ils avaient vécu jusque-là au bénéfice de la grâce de Dieu, mais elle n'avait pas pu les amener à s'attacher aux principes divins.

Ceci est la preuve que le cœur de l'homme peut être extrêmement confus, et que cette confusion le mène à sa perte, même quand de grandes opportunités s'offrent à lui. Ces hommes avaient déjà vu Dieu en action. Ils avaient donc une base pour choisir de croire : des expériences glorieuses leur avaient déjà enseigné la puissance de l'Eternel et son amour pour son peuple. Ce qu'ils ont vu Dieu faire en Egypte était assez spectaculaire pour qu'ils puissent choisir le chemin de la foi, au lieu de se laisser intimider par la taille de leurs adversaires. D'ailleurs, parmi eux, Caleb et Josué ne s'y sont pas trompés : ils ont fait le choix de la foi, celui de s'appuyer sur la vérité, pas sur la réalité.
Ceux qui veulent vivre en s'appuyant sur la réalité, telle qu'elle nous apparaît, ne peuvent pas trouver un accès à la vérité synonyme de liberté.

Oui c'est la vérité qui affranchit. Mais cette liberté ne s'obtient que lorsque nous abandonnons nos vies, entre les mains du Seigneur, car tout en nous, toutes les dimensions charnelles de notre être nous gardent captifs, confus et éloignés des principes du Seigneur.
La chair, on le sait ne veut pas se soumettre à Dieu, elle ne le peut même pas, disent les Ecritures.
Notre éducation, même quand elle incluait des préceptes religieux, dans tout ce qu'elle contient de contradictoire, de paradoxal, ne nous permet pas de nous laisser pénétrer par les principes de l'ordre divin.

La vérité se heurte aussi à nos stéréotypes, nos a priori, ces idées toutes faites que nous ramassons ça et là, ainsi que d'autres principes de vie, collectés lors de nos lectures, conversations, interactions avec notre environnement. Tout cela s'accumule en nous pour former un ensemble divergent et insaisissable qui en plus est largement influencé par les circonstances, nos humeurs du moment, nos expériences et nos positionnements.

Pour être plus exhaustif, il faudrait aussi parler de l'influence des autres, sur nos opinions, notre regard sur la vie, notre lecture, notre niveau de compréhension des évènements autour de nous, nos réactions. On ne peut oublier nos désirs et aspirations profondes, celles qui restent enfouies en nous, et qui nous animent, sans toujours être audibles ou compréhensibles. Certaines expériences ont suscité en nous des besoins, des contraintes qui nous gouvernent, qui président à nos choix, alimentent des appétits et des convoitises, dirigent nos schémas de pensée, bien plus que nous le savons.

Tout cela crée en nous beaucoup de confusion, d'aspirations contraires qui nous maintiennent éloignés de la vérité, de l'ordre divin. Cela explique aussi, en partie, pourquoi la majorité des humains préfèrent considérer la vérité comme relative, comme un concept qui ressort de l'évolution de la vie des hommes, plutôt qu'un attribut divin. Ainsi, ils peuvent déplacer le curseur, au gré de leurs besoins et rendre moral ce qui était, encore hier, inacceptable.

Les enfants de Dieu tiennent cette vérité comme immuable que l'ordre divin, les principes de Dieu constituent la volonté révélée du Seigneur et que les Ecritures en sont la révélation donnée par l'Eternel lui-même. Le fait qu'il nous soit impossible, par nous –mêmes d'y accéder, ne change rien au caractère divin, sacré de l'affaire. Dieu l'a voulu ainsi, que Christ est le seul chemin, la vérité et la vie (Jean 14 :6). Il n'y a donc aucun moyen de parvenir à la vérité, que d'abandonner sa vie au Père, par Christ, en Christ.

Le terme abandonner peut paraître fort, mais il se justifie par tout ce que je viens d'établir. Notre propre volonté ne suffit pas pour accéder à la vérité. Notre chair n'a pas accès aux principes divins. C'est donc en soumettant notre vie totalement à Dieu, en Christ, que nous recevons cet accès à la vérité : Jean 8 :32 . C'est la Parole qui exprime et établit cette vérité, pour y avoir accès, il faut se dépouiller de ses attributs charnels et vouloir se soumettre à Dieu :

Romains 12 :1-2
Je vous exhorte donc, frères, par les compassions de Dieu, à offrir vos corps comme un sacrifice vivant, saint, agréable à Dieu, ce qui sera de votre part un culte raisonnable
Ne vous conformez pas au siècle présent, mais soyez transformés par le renouvellement de l'intelligence, afin que vous discerniez quelle est la volonté de Dieu, ce qui est bon, agréable et parfait.

Il faudra donc accepter de se dépouiller, de se vider pour avoir accès à la connaissance, puis à telle une appropriation de la vérité que tout notre être en sera transformé : c'est là que les Ecritures appellent la régénération, aspect fondamental du salut. Cette soumission à Dieu, en Christ, implique une humilité qui va croissant dans la vie du croyant et une décentration de soi vers le Seigneur, son royaume et sa justice (Matthieu 6 :33). Il s'agit de se vider de soi, pour se remplir de tout ce qui concerne Dieu et son royaume et sa volonté.

Il s'agit donc bien d'humilité, en comprenant bien, que l'humilité consiste premièrement à se dépouiller, puis à se décentrer pour permettre une concentration sur Dieu. L'apôtre Paul nous a bien décrit la démarche de notre Seigneur et Sauveur, qui le premier nous a montré l'exemple. Il s'est dépouillé de sa gloire pour prendre notre condition humaine, et a été obéissant jusqu'à la mort, afin que la volonté de Dieu le Père soit faite. L'apôtre Paul nous rappelle, dans ses épîtres comment, lui aussi, a rejeté tout ce qui constituait sa fierté et même son identité pour abandonner sa vie à Dieu, afin de le servir.

Sans doute, pensez- vous que nous ne sommes pas concernés par une telle consécration ; pourtant, si notre vie appartient vraiment à Dieu, c'est Lui qui doit régner en nous. Comment le ferait-il si nous restons assis sur le trône de notre existence ? C'est pourquoi Romains 12 : 3 nous exhorte à…l'humilité :
Par la grâce qui m'a été donnée, je dis à chacun de vous de n'avoir pas de lui-même une trop haute opinion, mais de revêtir des sentiments modestes, selon la mesure de foi que Dieu a départie à chacun.

Une trop haute opinion de nous –même nous empêche de nous abandonner à Dieu afin qu'Il nous transforme et fasse de nous des serviteurs fidèles. Certaines expériences qui jalonnent

notre marche avec Dieu sont douloureuses et difficiles, à l'exemple de la vie du Seigneur Jésus, et de ses disciples.
Si l'orgueil nous garde captifs, nous serons incapables de suivre Dieu. Cet orgueil est, d'ailleurs, plus subtil qu'on croit. Il faudra donc, dans une décision ferme, maintenue et renouvelée, se dépouiller, se vider de tout ce qui peut nous garder ou nous ramener vers une haute opinion de nous-mêmes, ou au contraire vers des idées préconçues qui font obstacles à notre foi

HUMBLES COMME DES ENFANTS

Romains 8:14 Car tous ceux qui sont conduits par l'Esprit de Dieu sont fils de Dieu.

Dieu annonce clairement, par Jésus, qu'Il entend instaurer entre l'homme et Lui une relation de Père à Fils. Comme un enfant s'appuie sur ses parents, dépend d'eux, leur fait confiance et se réfère à eux pour tout, ainsi le Père s'attend à ce que ses enfants vivent dans une dépendance confiante et simple. Pour garder cette attitude puérile, vis-à-vis de Dieu, en Jésus, il faut prendre la décision de se laisser guider en tout.
Pour être dirigé en tout, il faut rester humble et grandir dans l'humilité à travers les saisons de la vie, les épreuves, les réussites… Pour être dirigé, il faut :
-vivre en permettant à Dieu d'intervenir dans nos vies, de nous placer dans son ordre divin.
-permettre à Dieu de nous parler, de se révéler, de nous faire comprendre sa volonté
-être et rester à l'écoute en tout temps, pas seulement quand on a des besoins
Écouter, c'est être prêt à recevoir, à obéir, à suivre. Pour garder une attitude d'écoute, il faut avoir conclu dans son cœur que l'on veut vivre dans la présence de Dieu, en tenant compte de sa volonté, pour toute chose, sinon, on n'a pas de raison de devoir écouter. Cette attitude d'écoute est provoquée et soutenue par l'humilité, quand on a le désir de plaire à Dieu.(Romans 12:1-2). La prière ne sert donc pas seulement à demander ce qu'on veut mais à rester en connexion intime avec Dieu. En s'abaissant ainsi, on permet à Dieu d'intervenir au plus profond de nous pour rééduquer nos cœurs, remédier à nos manques, et nous délivrer de tout ce qui nous gardait captif de l'orgueil et de la vanité.
En nous délivrant ainsi de nous - mêmes, Dieu nous donne un cœur disposé à recevoir ses instructions, de sorte qu'Il puisse nous guider de l'intérieur. Plus de bâton, de loi coercitive, mais des émois rééduqués et capables de recevoir du Père. Le salut est donc la restauration de l'humilité de l'homme, sa vie en dépendance vis- à- vis de Dieu, qui était devenue impossible depuis la chute. C'est le retour de l'homme à la soumission, à la vie Zoé, la vie divine ou l'homme est dirigé, guidé par l'Esprit Saint, rendu capable d'accomplir la volonté du Seigneur, comme Jésus l'a fait sur terre. Le salut rendu possible par l'humilité de Jésus nous donne accès à l'humilité, la vraie et nous replace dans notre position originelle dans l'ordre divin. L'humilité de Christ est la clé du salut des hommes, l'humilité du croyant est la clé de sa vie en Dieu.
D'égal à Dieu, Jésus a accepté de devenir Fils de Dieu. Il s'est ainsi placé, vis-à-vis du Père dans une relation de soumission et de dépendance absolue. Il s'est placé dans une relation de soumission fondée sur l'amour filial, sur la dépendance d'un enfant par rapport à sa famille. C'est le type de relation qui garantit protection, guidance, éducation, conseils, et bienveillance. Le Père s'est ainsi positionné comme la source de la vie, et le Fils comme celui qui reçoit et se laisse guider humblement, avec une foi ferme et infaillible dans Celui qui prend soin de Lui. Une telle humilité est source de nombreux bienfaits dont aucun enfant de Dieu ne peut se priver. Ainsi le Père a montré que ce type de relation qu'Il veut établir avec chacun lui permettra de prendre soin de tous les besoins de ses enfants. Cette connexion lui permet aussi de donner un sens à notre vie. Il connaît les plans qu'Il a préparés (Éphésiens 2 :10) pour chacun, et malgré les aléas de la vie, Il nous guide vers sa volonté. Pour que rien ne vienne à manquer, Il nous a

remplis de son Esprit (Jean 16 :13-14). Ainsi, c'est de l'intérieur, qu'avec amour et bienveillance, il dirige nos pensées et nos pas vers notre destinée, en tout temps.
Pas de salut sans humilité, car le contraire, l'absence d'humilité c'est l'orgueil, l'arrogance, la vanité que Dieu déteste et qui bannissent de sa présence. Le contraire, c'est le règne de la chair qui lutte contre la volonté de l'Esprit car elle ne peut pas se soumettre à Dieu. C'est la tyrannie des désirs charnels, ceux qui cherchent toujours leurs propres intérêts au lieu d'accepter le plan et la volonté du Père, ceux qui placent l'ambition personnelle, au centre de leurs préoccupations, reléguant au second plan tout ce qui ne les élève pas. La recherche du confort, de tout ce qui est agréable, la fuite en avant vers toujours plus de biens matériels, poussent ainsi la chair à s'exalter et éloigne du Seigneur.
Jésus nous a donc montre le chemin du salut, en d'humiliant, de sorte qu'après avoir crucifié la chair et ses mauvais penchants, nous ayons en lui accès à une nouveauté de vie, en soumission pleine et entière à Dieu. Quand nous comprenons la vraie valeur et la portée réelle de l'humilité nous nous positionnons pour marcher avec Dieu, en revêtant Christ et ses vertus, son caractère et sa vie.
L'humilité c'est donc :
-l' état d'un cœur purifié, lavé d'une eau pure, rempli de la présence de Dieu, et qui recherche ce qui lui plait.
-le caractère de ce qui dépend de Dieu et veut dépendre toujours plus…
-le caractère de Christ imprimé dans la conscience et le cœur de l'enfant de Dieu par l'Esprit.
-la respiration profonde, la prière fervente de l'enfant envers son père, dépendant et heureux de l'être, attentif à la voix, à la volonté, aux désirs de son Père.
-l'attitude du disciple qui veut marcher à la suite de son maître, recevoir, enregistrer, répandre, diffuser ses paroles pour le glorifier.

HUMILITE ET SOUMISSION

Matthieu 26:39
Mon Père, s'il est possible, que cette coupe s'éloigne de moi ! Toutefois, non pas ce que je veux, mais ce que tu veux

La caractéristique la plus remarquable de l'humilité c'est qu'elle permet à Dieu d'être en contrôle, de faire sa volonté. Celui qui est humble ne garde rien en lui qui puisse faire obstacle à la volonté de Dieu. Tout en lui s'efface devant le plan du Seigneur.
Sa volonté, se courbe devant les principes, les desseins révélés de l'Eternel. Elle accepte de permettre à Dieu d'avoir le premier et le dernier mot. Elle accepte de se soumettre consciemment et résolument. Il ne s'agit pas seulement de se résigner à obéir, sous la pression. Il s'agit de donner la prééminence au Seigneur en tout temps, de sorte que sans lutte, la volonté coopère et agit de concert avec l'Esprit.

La volonté n'a d'autre but, d'autres préoccupations que de servir les desseins de Dieu, c'est un positionnement : il ne s'agit pas seulement de décisions ponctuelles. C'est pourquoi, celui qui est humble, est toujours prêt à recevoir les instructions et à obéir, à faire la volonté de Dieu, en tout temps et à vivre d'une manière digne de sa vocation. Ainsi le choix de Dieu, ce qui lui plait prévaut toujours dans la vie de celui qui est humble. Cette attitude de cœur influe sur la volonté du croyant, préside à ces choix, gouverne ses décisions et permet un positionnement de soumission, une obéissance continuelle au Seigneur. C'est donc consciemment et volontairement, quel qu'en soit le coût que le croyant, humblement, suit son Seigneur. Cela est déterminant. Le croyant n'est pas soumis contre son gré, s'il devient esclave de son Seigneur, comme l'apôtre Paul qui parlait de sa vocation en ses termes, c'est qu'il a choisi de soumettre ainsi sa vie à Dieu. Il a entendu la Parole, il a cru, il a déterminé en son cœur, grâce à l'action régénératrice de l'Esprit, de vivre dans la présence de Dieu en lui soumettant tout.

En réponse à l'amour, la grâce manifestée en Jésus Christ, le croyant accepte de prendre sa place dans l'ordre divin, Dieu étant tout, et la créature un instrument choisi, béni pour accomplir sa volonté et révéler sa gloire.
Celui qui est humble soumet aussi ses aspirations profondes, ses ressentis, son identité à Dieu. Il ne courbe pas seulement sa volonté. Il accepte aussi comme Jésus de s'effacer totalement devant le plan du Seigneur de sorte que rien ne fasse obstacle à son plan. Cette attitude est plus complète encore. Il y a la une fusion réelle avec la volonté de Dieu et une capacité à se donner entièrement. Cet abandon de soi, là encore est conscient et choisi, même si l'Esprit nous aide, à relâcher petit à petit tout ce qui nous caractérise, tout ce qui nous touche, de sorte que nous soyons toujours capables de suivre Dieu.

Ni l'idée que nous avions de nous-mêmes, ni tout ce que nous avons construit jusqu'ici, ni ce que nous voudrions être ne nous empêche de comprendre, d'accepter, d'obéir, de suivre la volonté de Dieu. Ni la douleur, ni la joie, ni le confort actuel ou envisageable ne retiennent ceux qui sont vraiment humblement au service du Seigneur. Il ne leur est pas difficile de pardonner les offenses qui sont commises contre eux, parce qu'ils ne sont pas focalisés sur eux-mêmes, mais sur la volonté de Dieu. Ceux qui sont humbles pardonnent facilement, toujours parce qu'ils se savent pardonnés, au bénéfice de la grâce de Dieu. Dès lors, les persécutions, les injustices ne les retiennent pas captifs dans leur filet, ils continuent à rester ouverts à l'action de Dieu en eux et prêts à l'action. Ils ne s'arrêtent pas de suivre ou de servir quand ils ont mal. La douleur, les manques, l'inconfort ne les piègent pas parce qu'ils sont focalisés sur la volonté de Dieu, c'est ce que Jésus démontre dans le jardin de Gethsémané.

Nous soumettons donc bien plus que notre volonté, il ne s'agit pas seulement d'obéir en gardant ses pensées profondes, ses rêves, ses désirs, tout en se disciplinant. Cela est un comportement religieux, ou même militant pour une grande cause. Les enfants de Dieu sont au-delà de cela, ils soumettent toute leur identité personnelle à leur Dieu et deviennent des relais de sa gloire dans ce monde. Si notre identité ne se trouve pas soumise, conquise, entièrement saturée des principes de Dieu et positionnée complètement dans le royaume, en raisonnement, désirs, volonté, aspirations, ressentis, nous ne serons pas réellement capables de laisser Dieu régner en nous. C'est l'humilité qui nous permet de garder ainsi tout notre être en et au service de Dieu. C'est une force l'humilité, pas une faiblesse, une force positive, offensive pour rester suffisamment maître de soi vis à vis du monde pour se soumettre à Dieu constamment.

Être humble c'est aussi savoir garder l'accès de son cœur contre les agressions extérieures visant à influencer ses émotions. Quand on leur permet de reprendre le contrôle elles vous empêchent de rester soumis, en vous ramenant à une gestion de la douleur, de l'inconfort au point que vous pourriez faire le choix de vous éloigner de ce qui fait mal. Quand on chercher ainsi à soulager son être de la douleur, de ce qui est désagréable on peut perdre de vue ce qui est essentiel. On peut être tellement concentré sur la gestion de ses propres besoins, mêmes légitimes que l'on perd de vue le plan de Dieu. C'est là que l'humilité est indispensable. Comme Jésus on peut faire passer ses besoins au second plan, pour rester capable d'accomplir la volonté du Père. Ce qui compte c'est ce que Dieu veut, voilà ce que dit l'humilité, c'est en cela qu'elle nous permet de nous maîtriser pour rester soumis et conquérant.

HUMILITE ET CONSECRATION

Jean 8 :29 Celui qui m'a envoyé est avec moi ; il ne m'a pas laissé seul, parce que je fais toujours ce qui lui est agréable.

Celui qui garde son cœur par la vertu de l'humilité peut demeurer en Jésus, en se protégeant des influences néfastes du monde. Parce qu'il place sa vie constamment devant le Seigneur comme un sacrifice vivant, en lui soumettant tout, le croyant humble est gardé de toute souillure de la chair. Ses pensées sont à l'abri des intrusions intempestives de son environnement, et des tiraillements causés par une chair indomptée.

Nous ne pouvons pas nous maîtriser nous-mêmes et avoir ainsi la garantie, de ne pas être séduits, à notre insu, par des messages véhiculés par notre environnements, qui implicitement flattent la chair. De nombreuses sollicitations, peuvent, en effet, nous ramener à une quête incessante de bienfaits, d'honneur ou de confort personnel, et si nous n'y prenons garde, nos ressentis, notre gestion des émotions et réactions, peuvent influer sur nos choix et nos positionnements.

Le recours à la prière, à la méditation active des Ecritures est indispensable, en permettant à l'Esprit de sonder notre cœur, de sorte que toute tentative de distraction puisse être mise à jour. Jésus lui-même l'a dit à ses disciples : l'esprit est volontaire, mais la chair est faible. En d'autres termes, notre bonne volonté ne suffit pas. Le rôle de l'Esprit saint est justement de nous conduire dans toute la vérité, de nous convaincre de péché, en tant que de besoin. C'est aussi l'Esprit qui illumine notre intelligence, nous permet de discerner ce qui plaît au Père, et ainsi de pouvoir identifier, en nous, penchants, désirs, aspirations néfastes, afin que nous nous en débarrassions.

La prière nous permet de nous purger des œuvres de la chair, de nous placer résolument dans la présence de Dieu et de nous déterminer à faire ce qui lui plaît. Elle nous permet aussi d'identifier et de percer à jour l'état de notre cœur, devant Dieu. Ainsi, nous demeurons vrais et authentiques, pas seulement religieux. Ceci est déterminant. Il s'agit de ne pas se faire d'illusions. Nous savons qu'il s'agit là d'une vigilance de chaque instant, car les influences de notre environnement, les sollicitations sont subtiles et souvent terriblement efficaces.

Progressivement, nous sommes amenés à pouvoir faire des choix qui se situent à un niveau élevé de consécration : il faut savoir choisir entre le bon et le meilleur. Il faut rester attentif à la voix de Dieu, constant et fidèle dans la prière pour être guidé vers le plan divin et être rendu capable de le mettre en œuvre. Dieu veut, en effet, non seulement nous guider mais aussi nous rendre capables de faire sa volonté. En *Philippiens 2 :13 « car c'est Dieu qui produit en vous le vouloir et le faire, selon son bon plaisir »*, le Père nous explique plus amplement ce qu'Il veut faire. Il s'agit de produire en nous et le vouloir et la capacité de faire. Il s'agit de nous guider de telle sorte que rien ne nous manquera pour la connaissance, l'appropriation personnelle, la volonté et la capacité de faire pour l'accomplissement de sa volonté.

L'humilité est donc cette vertu indispensable qui nous garde focalisé sur Dieu et sur la connaissance ainsi que l'appropriation personnelle de sa volonté. Elle permet au Père de nous faire cheminer avec Lui, dans un parcours de vie, qui permet la construction de capacités et compétences selon sa volonté et son plan pour nos vies. Notre consécration sans faille permet à l'Esprit Saint de nous guider dans ce cheminement, tout en nous équipant, progressivement. Les saisons de notre vie s'articulent alors selon la volonté du Seigneur pour faire de nous des serviteurs efficaces. Nous comprenons mieux, à la lumière de ces développements, pourquoi et comment *« toutes choses concourent au bien de ceux qui aiment Dieu et sont appelés selon son dessein »* (Romains 8 :28).

Quand nous restons ainsi consacrés au Seigneur, humbles et soumis, nous pouvons être avertis, enseignés, consolés, délivrés, fortifiés à tous égards et capables de suivre Dieu. Nous sommes rendus capables de faire prévaloir le choix de Dieu sur nos propres aspirations, dans nos prières,

dans nos pensées, désirs et actions. Nous sommes capables de discerner entre le bon et le meilleur, de choisir le meilleur, c'est-à-dire la volonté, le but de Dieu. A ce stade, nous avons l'assurance de marcher dans la présence de Dieu. Nous savons qu'Il garde le contrôle de la situation, parce que nous faisons ce qui lui est agréable.
Cela constitue désormais notre force, la garantie de notre efficacité, l'ossature de notre foi.

HUMILITE ET BRISEMENT

Matthieu 5:3-11 : Heureux les affligés car ils seront consolés

Pour accéder au salut, il faut permettre à l'Esprit Saint de nous convaincre de péché. Cela attriste nos cœurs et nous afflige parce que nos certitudes sont battues en brèche. Nous nous sentons, soudain, très malheureux d'avoir ainsi ignoré Dieu pendant si longtemps, et honteux de la vie que nous avons menée. Cet inconfort doit être suffisamment profond pour nous amener à prendre la décision de changer de direction, c'est-à-dire à nous repentir. Quand nous sommes suffisamment affligés, l'Esprit peut diriger nos esprits contrits vers la vérité.

Il faut donc accepter cette affliction, ce brisement qui conduit à l'abandon de soi. Ceux qui soumettent ainsi leur vie au Père, par le Fils, obtiennent la vie éternelle et le royaume des cieux est à eux. Bien vite, ils apprennent à se confier en Dieu et l'Esprit saint les console et les remplit de l'assurance de l'amour de Dieu. Ainsi quand on permet à l'Esprit de Dieu d'agir dans nos cœurs, il produit parfois une profonde affliction, due à une conviction de péché. Cette affliction nous permet de ressentir ce qui déplait à Dieu, de nous en détourner, d'être consolé et guidé vers ce qui est parfait. Progressivement, nous devenons de plus en plus sensibles à la présence de Dieu et à son action en nous.

D'autre part, Il faut être humble pour s'estimer heureux quand on est affligé, pour ne pas geindre en permanence, comme les enfants d'Israël, quand Dieu choisit pour nous un chemin par le désert.
Il faut être docile, et savoir s'en remettre à Dieu quand on doit avancer au jour le jour, sans vraiment comprendre où l'on va, comme Abraham qui accepta de quitter son environnement proche pour une destination inconnue. C'est en s'abandonnant ainsi entre les mains de Dieu qu'on Lui permet d'accomplir sa volonté. Quand le chemin devient rocailleux, difficile, et que l'horizon se voile d'incertitude, la foi s'appuie sur la dépendance absolue à la volonté de Dieu, en honorant sa souveraineté.

La dépendance n'est possible que quand on s'abandonne humblement, quand on s'est vidé de ses ambitions personnelles, de ses propres désirs et idéaux. On ne peut dépendre de Dieu que lorsqu'on a établi:
- la Seigneurie de Dieu sur sa vie en Jésus: le Père est le maître incontesté de notre vie
- l'autorité de sa Parole est établie sur nous: Jean 15 :7

Ainsi lorsque nous nous soumettons à Dieu continuellement, nous demeurerons en Lui, en sa volonté et en son ordre divin.. Quand sa Parole demeure autorité souveraine sur nos vies, Dieu a toujours le dernier mot. Même si nous sommes affligés, attristés, l'Eternel demeure le maître, et avec joie, nous lui donnons la prééminence pour que sa volonté soit faite et que son règne vienne.

Cette dépendance est coûteuse et souvent se traduit par des situations difficiles mais ceux qui sont humbles préfèrent passer par ces moments d'affliction, dans la présence du Seigneur, plutôt que de vivre en cherchant à rester dans des situations confortables et en prenant le risque de s'éloigner de Dieu.

Être prêt à souffrir, à vivre dans des situations pas toujours confortables, c'est aussi la marque de ceux qui sont humbles. Ils connaissent les promesses du Père, mais ne vivent pas pour eux-mêmes, et ne sont pas préoccupés uniquement par la recherche du bien-être. Leur humilité permet à Dieu de les placer ou Il veut, où Il a besoin d'eux et cela est primordial.

L'humilité produit donc la docilité, la flexibilité devant Dieu, la capacité à obéir, même sans tout comprendre, la capacité de s'effacer devant Lui, et devant les hommes pour laisser se révéler la gloire de Dieu. L'humilité produit la générosité, l'altruisme et surtout l'amour du prochain, l'amour véritable qui va bien au-delà des clivages des hommes et des stéréotypes de la société. Il s'agit d'un amour qui permet de se dépasser pour aider, soutenir et servir. Il s'agit d'un amour qui pousse au don de soi, à la patience, la bienveillance, la fidélité, la capacité de respecter, d'honorer, de vivre un engagement, une alliance scellée devant Dieu, qui accomplit sa volonté. Ce sont des choses qui nous dépassent puisqu'il s'agit de permettre à Dieu de régner, de révéler sa gloire à travers nos vies.

L'humilité déplace le curseur sur Dieu au lieu de le garder sur nous, nos besoins, nos désirs, nos ressentis. Par notre humilité Dieu peut générer en nous d'autres traits de caractère, d'autres vertus qui nous façonnent de telle sorte que nous devenons des matrices pour manifester sa gloire ici-bas parmi les hommes. Nous portons sa gloire dans des vases d'argiles dit l'apôtre Paul, c'est ce qui peut nous arriver de mieux!
Comprenons donc que l'humilité est ce qui nous donne accès au salut, comme Jésus l'exprime ici à la foule, c'est la disposition de cœur qui permet à l'Esprit de nous convaincre de péché, de nous guider dans la vérité, de nous amener à comprendre que nous ne pouvons rien sans Dieu, que nous devons entrer en relation avec Dieu, en Jésus Christ pour avoir accès à la vraie vie.

Cette humilité nous conduit aussi à soumettre progressivement tout notre être au Seigneur tandis que nous apprenons à revêtir Christ, comme le dit l'apôtre Paul. Cette humilité permet à Dieu de nous transformer profondément par l'action conjuguée de la Parole et de l'Esprit. Cette transformation produit en nous un caractère nouveau, marqué des caractéristiques de notre Seigneur, et nous rend participants de la nature divine pourvu que par humilité nous permettions à Dieu de régner en nous. Voilà donc pourquoi nous pouvons dire que l'humilité est à la racine de tout le fruit que l'Esprit développe en nous et à la base du caractère de l'enfant de Dieu.

L'HUMILITE DU DISCIPLE

Romains 12 :1-2 Je vous exhorte donc, frères, par les compassions de Dieu, à offrir vos corps comme un sacrifice vivant, saint, agréable à Dieu, ce qui sera de votre part un culte raisonnable. Ne vous conformez pas au siècle présent, mais soyez transformés par le renouvellement de l'intelligence, afin que vous discerniez quelle est la volonté de Dieu, ce qui est bon, agréable et parfait.

L'humilité c'est encore savoir mourir à soi-même pour permettre à Dieu de nous indiquer le chemin de sa volonté, pour être enseigné et éduqué selon les voies de Dieu.
Il n'est pas possible d'avoir accès à la vérité sans se vider de soi-même, des œuvres de la chair, de l'éducation du monde.

Les principes de Dieu ne sont pas enseignés à ceux qui sont rebellés et persuadés d'avoir déjà tout compris. Matthieu 5:3 heureux les pauvres en esprit car le royaume des cieux est à eux. Ainsi sont ceux qui sont simples et assez dociles pour être enseigné et guidés dans la vérité. Ils hériteront le royaume parce qu'ils permettent à Dieu de les remplir, de les placer, de les utiliser

selon sa volonté. Ils ne comptent pas sur leurs propres compétences, mais s'en remettent à Dieu, et ne s'appuient pas sur leur propre intelligence mais invoquent le Seigneur pour savoir ce qui lui plait.
Parce qu'ils n'ont pas une très haute idée d'eux-mêmes, ils peuvent s'effacer devant Dieu et le laisser agir, s'effacer devant les hommes, et accepter les positions de serviteurs pour servir les autres, selon Dieu.

Parce que Dieu résiste aux orgueilleux mais fait grâce aux humbles, principe répété de l'Ancien au Nouveau Testament, celui qui accepte d'être abaissé, sera relevé et celui accepte de servir sera honoré. Le plus grand dit Jésus est le plus serviteur
Matthieu 20:28. Mais quiconque veut être grand parmi vous qu'il soit votre serviteur. Celui qui a donc un cœur de serviteur est grand aux yeux de Dieu, parce qu'il a un cœur noble qui estime les autres mieux que lui-même, comme l'apôtre Paul le recommande dans ses épitres. Le serviteur à un cœur attentif et soumis à la volonté de son maître, un esprit rigoureux pour atteindre les buts que son maître lui a fixés.

Jésus lui-même est un exemple de service, Il y a consacré toute sa vie. Son service a pour motivation et but le plan du Père qui l'a envoyé et devant lequel Jésus s'efface, et n'existe que pour son exécution parfaite. Jésus est un serviteur qui ne réclame ni récompense, ni d'autre joie que de voir l'accomplissement de la volonté de Celui qui l'a missioné. Bien que le Père lui ait remis toute autorité, Il n'a cessé de révéler le Père, de mener chacun à le contempler. Le serviteur entretient, en effet, avec son maître une relation de respect, révérence profonde, et d'amour. Il s'attache à son maître pour le servir. Il épouse la pensée de son maître. Il adhère à tous ses préceptes. Non seulement, il comprend les enseignements du maître et n'a de cesse que de les diffuser, de les faire connaître. Il n'attache aucun prix à sa réputation, tout juste s'efforce-t-il de garder un excellent témoignage afin de glorifier Dieu. Mais il ne cherche pas à se faire connaître, à se faire un nom, à devenir célèbre. Il cherche à être efficace pour Dieu et à promouvoir l'ordre divin.

L'Eternel regarde favorablement la vie de ses serviteurs et Il les équipe, et Il les défend, et Il les place avec soin aux postes clés dans le royaume. Le Seigneur peut même leur confier des richesses, parce qu'ils sont capables de se laisser guider vers l'utilisation qu'Il a prévue. Ainsi l'humilité est la caractéristique principale du serviteur parce qu'elle permet au Père de prendre et garder le contrôle de sa vie. L'humilité est la seule, l'unique attitude de cœur que Dieu agrée. Il ne suffit pas d'être momentanément brisé, attristé, éprouvé ou pour très abattu, car, souvent, dès que la situation s'améliore, on revient à son orgueil et à sa vanité.

L'humilité est l'attitude du cœur qui permet à Dieu de régner dans nos existences. C'est un abandon total, conscient, progressif, qui donne les manettes de contrôle au Seigneur. C'est savoir considérer la majesté de Dieu, sa souveraineté jusque dans nos vies, nos choix personnels. Enfin, être humble ne signifie pas être passif, se comporter comme un simplet, ne prendre aucune décision, c'est au contraire :
- tenir en bride ses émotions,
- refuser l'accès à son cœur à tout ce qui peut vous influencer, loin de la volonté de Dieu,
- faire passer l'ordre divin avant ses propres besoins,
- aimer Dieu et sa création au-delà de soi-même.
Être humble c'est être capable de se soumettre en tout temps.

HUMILITE ET AMOUR

Ephésiens 4 : 1-3 Je vous exhorte donc, moi, le prisonnier dans le Seigneur, à marcher d'une manière digne de la vocation qui vous a été adressée, en toute humilité et douceur, avec patience, vous supportant les uns les autres avec charité, vous efforçant de conserver l'unité de l'esprit par le lien de la paix.
1 Corinthiens : 13:4-5 La charité est patiente, elle est pleine de bonté ; la charité n'est point envieuse ; la charité ne se vante point, elle ne s'enfle point d'orgueil, elle ne fait rien de malhonnête, elle ne cherche point son intérêt, elle ne s'irrite point, elle ne soupçonne point le mal,

Pas plus que l'amour véritable, l'humilité ne peut être produite par une activité humaine. On confond souvent les réactions et interactions d'ordre émotionnel avec les véritables vertus et principes spirituels. L'humilité est d'essence divine, nous le voyons en Jésus, tandis que les humains vivent dans la chair est pétrie d'orgueil ; pas moyen d'y échapper. Depuis la mort et la résurrection de Christ, on ne saurait se disculper en arguant de ce penchant naturel pour l'orgueil, parce qu'un chemin de salut, de régénération est ouvert, pour tout ce qui aspirent à s'en libérer. Ce que Dieu veut, c'est transformer notre nature pécheresse qui a pour racine l'orgueil, et la rendre conforme à celle de notre Sauveur dont l'humilité est la source.

Quand l'Esprit de Dieu renouvelle notre intelligence, nous guide dans la vérité, sonde nos cœurs, nous amène à nous abandonner à l'Eternel, à établir son autorité sur nos vies, il développe en nous une nouvelle nature. Cette nouvelle nature doit nous rendre conforme à notre Sauveur (Romains 8 :29) et nous revêtir de toutes les vertus du Seigneur. Notre cœur saturé de la Parole de Dieu, abandonné au Seigneur, s'aligne sur sa volonté et produit un caractère qui ressemble de plus en plus à celui de notre Maître.

Parmi les caractéristiques du caractère de Christ, l'une des plus importantes, est l'humilité. C'est donc cette grâce qui va caractériser les vies qui sont réellement transformées par l'Esprit. Là où la chair régnait, l'Esprit veut gouverner et garder le croyant vraiment dépendant du Seigneur, pour tout, et focalisé sur sa volonté. L'amour du Seigneur, de son royaume, de ses intérêts, peu à peu, gouverne cette âme soumise et la vide de tout orgueil, vanité et poursuite d'intérêts propres. A la racine des autres traits de ce nouveau caractère, on trouve donc l'humilité telle qu'on la voit régner en Jésus. L'abandon de soi, le brisement, la soumission et le service ont la même racine, que l'amour de Dieu qui est versé dans nos cœurs (Romains 5 :5).

Cet amour-là est débarrassé de toutes formes d'orgueil, et ne cherche pas à se retrouver, se construire, servir ses propres intérêts à travers les interactions avec les autres. Il ne s'agit pas d'un amour qui, sous couvert d'altruisme et de compassion, recherche une exaltation personnelle. Inconsciemment, malheureusement, on reproduit trop souvent des schémas de pensées, des modes de vie qui consistent simplement à reporter à plus tard l'élévation désirée, en prenant le pari qu'en investissant un peu dans les autres, on parviendra à ses fins. Dans ce cas, l'attitude adoptée, l'abaissement choisi, ne sont souvent, même inconsciemment, que stratégie même si cela ressemble à de l'humilité. Les sacrifices consentis participent tout juste d'un projet mis en œuvre pour manipuler, à la manière d'Ananias et Saphira qui tentèrent d'obtenir par la ruse, ce que l'Esprit provoquait dans le cœur de ceux qui s'étaient réellement abandonnés au Seigneur.

C'est donc l'humilité profonde, celle qui s'efface complètement devant le Seigneur et se manifeste dans nos interactions avec nos semblables qui va produire un amour authentique, sain, complet et producteur. Cet amour sera authentique parce qu'il ne recherchera pas ses propres intérêts, ni quand les opportunités de promotion se présentent, ni quand les circonstances adversaires pourraient provoquer un réflexe de survie, ni quand les injustices s'accumulent et que notre identité en est affectée. En effet, de grands bouleversements, dans nos vies, nous amènent parfois, à chercher refuge, dans une sauvegarde de notre identité. Quand des portes se ferment, quand des violations de ce que nous croyions être s'accumulent, des réactions émotionnelles s'enchaînent et nous poussent à nous recentrer sur nous-mêmes.

Si notre amour pour le prochain est trop lié à la construction de notre personnalité, de notre bien-être, quand les circonstances adverses s'abattent sur nos vies, la gestion de la douleur, de l'inconfort, peuvent nous ramener à la recherche de nos intérêts propres. Cependant, quand l'humilité a été développée dans nos cœurs, quand la nouvelle nature prend le dessus, notre soumission à Dieu et à son ordre divin reste entière. Nous continuons à regarder à Dieu pour notre épanouissement, en sachant que « toutes choses concourent au bien de ceux qui aiment Dieu ». Nous ne sommes pas déstabilisés, rendus incapables de continuer à donner, se donner, manifester de la compassion, parce que l'amour de Dieu continue à étreindre nos cœurs et nos pensées. L'humilité nous permet de laisser Dieu gouverner, donner un sens à notre vie, et c'est ainsi que nous restons disponibles pour que les autres vertus et grâces développées par l'Esprit rayonnent en nous. L'humilité est une barrière infranchissable qui nous sauvegarde de nos propres mauvais penchants. Elle agit comme un antidote extraordinairement puissant contre les influences, les insinuations subtiles de notre environnement. L'humilité agit surtout comme un bouclier contre nos propres réactions émotionnelles et nous permet de nous tenir en garde contre le péché. L'humilité permet donc à l'amour de Dieu de continuer à nous envahir, à gouverner nos désirs et nos pensées, nos capacités et nos aptitudes. Même dans l'adversité, ou face à de grandes tentations, nous continuons à privilégier l'approche par l'amour, la gestion du quotidien par l'amour, les interactions avec nos semblables par l'amour.

L'humilité constitue sans doute un puissant antidote contre les formes de dépressions et découragements profonds, quand on a été confrontés à des évènements douloureux. Si l'accent était mis, avec plus d'insistance, sur cette vertu (cette force), nous ferions des disciples plus solides, plus résistants à la pression, plus efficaces.
Paradoxalement, de nombreuses prédications sur le thème de la foi ont provoqué une grande vulnérabilité chez les croyants. La recherche permanente, par le moyen de la foi, de la satisfaction de tous les besoins personnels a relégué au second plan ces concepts essentiels que sont l'humilité, le service, l'abandon total de soi au Seigneur. Cela a provoqué un recentrage de chacun sur soi, sur la gestion de sa propre vie, sur la recherche d'un confort présenté comme légitime et essentiel pour témoigner au monde de la bonté de Dieu.

Inutile d'expliquer comment ce « rêve américain » a provoqué de grands dommages dans la vie de certains croyants qui se sont endettés, sans le moindre discernement, en saisissant des offres commerciales alléchantes et traitresses. Par la foi, certains ont effectué un tel grand écart, qu'ils en ont perdu l'équilibre, tandis que les prédicateurs s'enrichissaient extraordinairement. On pourrait penser que l'amour du prochain provoquerait un sursaut dans l'Eglise et qu'on se précipiterait au secours des biens aimés en détresse, mais le plus souvent, la vie continue, les sermons aussi.. Ni l'humilité, ni l'amour ne poussent quiconque à se remettre en cause, quel dommage !

Aujourd'hui, bien que chaque croyant dispose de nombreuses ressources pour son édification personnelle, il semble que nous soyons devenus plus superficiels, plus vulnérables aux aléas de la vie. Notre amour pour le prochain se heurte trop souvent aux altérations de nos relations. Bien que nous soyons très attachés au Seigneur, très humbles devant Lui, il nous est difficile de nous effacer devant les frères, de rester vigilants quant à l'orgueil subtil qui s'accroche à nos cœurs. Tout est prétexte à comparaison, jugement et critique : nous sommes sans arrêt en posture d'évaluateur, rien ne nous échappe. Ceux qui ont été fortifiés dans un domaine, contemplent non sans une certaine sévérité, ceux qui sont encore faibles, et la critique précède systématiquement la compassion. Si nous n'y prenons garde, nous devenons acerbes, amers, décapants et parfois même violent. Oui, il existe des formes de violence, dans nos assemblées, légitimées par de bonnes intentions. Souvent même, il y a de grandes dépressions, muettes et masquées, ignorées tant qu'elles restent invisibles. L'humilité des uns et des autres fait souvent défaut, notre amour trouve là ses limites.

Enfin, nous sommes plus attachés aux manifestations extérieures d'amour, qu'à l'amour authentique. Chacun est prompt à désirer une aide matérielle des « nantis » du royaume, mais on ne remarque guère les ravages que causent la dépression, le découragement, le décrochage dus à des mésententes, méprises, ou autres troubles émotionnels que personne ne se soucie de prendre en considération. Nous avons ainsi adopté une certaine dose de « pharisianisme », sans y prendre garde et nous nous satisfaisons de certaines manifestations extérieures faciles, souvent superficielles et très insuffisantes, pourvu que rien ne soit remis en cause. L'humilité devrait nous pousser à chercher à consoler, rattraper, fortifier ceux qui sont ainsi affaiblis. La même humilité devrait étreindre ceux qui se sentent injustement rejetés ou maltraités selon l'idée qu'ils se sont faites d'eux-mêmes, afin qu'ils se soumettent au Seigneur et Lui permette de les guider dans son plan divin pour leur vie..

Celui qui s'est vidé de toute aspiration personnelle, qui s'est abandonné vraiment au Seigneur, ne laisse pas son cœur s'alourdir par un fonctionnement émotionnel déréglé par un orgueil subtil. L'idée que nous avons de nous-mêmes, l'identité que nous nous sommes construites par notre histoire personnelle, notre éducation, nos aptitudes, nous rendent vulnérables aux aléas de la vie. Si ces certitudes gouvernent nos cœurs, président à nos choix, notre soumission à Dieu et à son ordre divin est limitée. Si nos aspirations profondes, nos idéaux, les schémas de pensées du monde nous habitent encore, l'ancienne nature est vivace et le vieil homme est encore en position de capitaine ; nos luttes intérieures n'y changeront rien. Il faudra que nos cœurs soient affligés, brisés, convaincus de péché par l'Esprit de Dieu, pour que ces éléments soient remplacés par le « désir et le faire » que Dieu veut travailler en nous (Philippiens 2 :13).

L'amour sain et véritable ne sera pas développé dans un cœur où la chair règne encore. L'esprit doit prendre le dessus (Gal 5 :16). L'esprit de Dieu seul peut, à partir de l'humilité produire en nous l'amour véritable, sain et saint. Il sera sain, parce que sans fraude et sans excès. Sans fusionnement étouffant pour les autres, sans exiger trop de l'autre, sans se jeter sur l'autre, en sachant que c'est Dieu qui donne un sens à notre vie. Il sera sain, quand humblement, on reste à sa place, on se donne en gardant la place, le rôle que Dieu nous a assigné. Il ne s'agit pas de régler tous les problèmes, mais de permettre à Dieu de se révéler, de nous utiliser comme des instruments à sa gloire. Nous ne sommes pas des « Eve » qui aimant si fort son mari l'entraîne dans son erreur.. Voulant son bien et son élévation, elle le convainc de désobéir… Plaise à Dieu que nous n'aimions personne ainsi.

Un amour saint, est un amour réservé pour Dieu, pour accomplir sa volonté. Il ne s'agit pas de gaspiller sa vie en une quantité d'œuvres de charité, mais là encore de permettre au Seigneur de vous utiliser comme un vase d'honneur, un serviteur fidèle. Nos schémas de pensée doivent être renouvelés et s'aligner sur la pensée et la volonté de Dieu. Cet amour-là ne peut être produit par notre seule volonté : il émane d'un cœur humblement soumis à l'action de Dieu.

LA FOI ET L'ESPERANCE : *de la nouvelle naissance à la vie en abondance...*

<u>Hébreux 6 :12</u> *En sorte que vous ne vous relâchiez point, et que voue imitiez ceux qui, par la foi et la persévérance, héritent des promesses.*

La foi et la persévérance constituent les deux piliers principaux de notre marche avec Dieu, en tout temps. Dans le combat, dans les circonstances difficiles, ce sont des armes puissantes pour la victoire. Mais il faut souligner que ces deux pôles sont essentiels même quand il n'y a pas de nuages à l'horizon de nos existences. Parce que nos yeux ne demeurent pas fixés sur les circonstances, mais sur les desseins éternels de notre Dieu, nous savons bien où se situent les vrais enjeux de nos vies.
Quand les choses vont trop bien, quand les gens autour sont bienveillants et amicaux on se laisse aller, on perd de vue les vrais enjeux, on perd en acuité et en pertinence, on se relâche. La vigilance est affectée, la sagesse est diminuée car on s'appuie sur des ententes, des échanges informels et on « bricole » des montages qui ne sont pas efficaces dans le temps, quand les choses changent.

Le confort et la facilité sont les ennemis du meilleur, du progrès et de l'avancement. Mais quand on garde les yeux sur Dieu, en Jésus, à la recherche de sa volonté, en s'appuyant sur ses promesses, on avance. Quand on est rentré dans son héritage, positionné en Christ, déterminé à rester connecté à Dieu, par le Fils, on ne recherche plus la facilité et le confort, mais l'accomplissement de la volonté de Dieu, par la foi et la persévérance.

Alors, on n'est plus trompé par les apparences, même ce qui ressemble à l'adversité nous propulse plus haut et plus loin, parce que cela nous rend plus perspicaces, plus persévérants, plus accrochés aux principes de Dieu. Quand nous restons ainsi déterminés en Christ, notre être intérieur est puissamment fortifié, notre âme rayonne car l'ordre divin y règne et contrôle cette dimension de nos vies. De l'extérieur nous paraissons faibles, mais Dieu garde nos cœurs en bonne santé spirituelle, et c'est à nous qu'il revient par la louange et la prière constantes de rester connectés à sa présence pour résister aux assauts de l'ennemi sur notre chair qu'il sait vulnérable.

Quand nous ne savons pas garder notre cœur, rester vigilant sur le fonctionnement de nos émotions, nous devenons faibles dans la chair : c'est pourquoi Jésus a demandé à ses disciples de prier pour ne pas succomber à la tentation. Il leur a ainsi demandé de faire en sorte que l'être intérieur soit fortifié par la fréquentation de la présence de Dieu, par la prière, de sorte qu'il puisse contrecarrer les tentatives d'intimidation et de séduction de l'ennemi sur notre chair. Quand nos émotions ne sont pas tenues en bride et sanctifiées par la louange, la prière, la méditation des Ecritures, elles deviennent des avenues que l'ennemi emprunte régulièrement pour nous remplir de confusion et de désordre.

Il faut donc s'attendre et accepter de devoir payer le prix de la vigilance, du combat intérieur, de la sagesse, de l'ordre intérieur, en permettant au Seigneur de diriger nos pas. Souvent les sentiers par lesquels Il nous mène sont rocailleux et difficiles mais la victoire est à ce prix. L'enjeu est essentiel : il s'agit de garder la vie zoé que Christ est venu nous apporter ; il s'agit de pouvoir demeurer clairvoyant, précis, capable, stable, pertinent, sage, avec des pensées justes, pour être capable d'avancer toujours, même dans le brouillard épais. Il faut pouvoir s'adapter quand les circonstances changent, quand il faut avancer sans autre appui ni repères que ceux que Dieu procure.

Il faut pouvoir atteindre ce stade de maturité, de liberté qui permet à Dieu de gouverner complètement notre vie. A ce stade, sa volonté peut prévaloir dans nos vies. Et même si de l'extérieur nous semblons affaiblis, notre être intérieur est renouvelé, fortifié, équipé chaque jour, et nous avançons vers la victoire, dans la victoire… Même dans la souffrance, nous sommes victorieux, parce que nous ne sommes plus victimes d'orgueil, d'égoïsme, de vanité, nous ne sommes plus attachés aux apparences.. Seul compte ce que Dieu veut et ce qu'Il fait.

L'humilité que l'Esprit Saint construit en nous, permet à Dieu de gérer nos vies, nos circonstances pour accomplir sa volonté et établir ses desseins. L'essentiel est là.
Quand nos yeux sont détachés de circonstances, de notre statut, du regard des autres sur nous, même notre conception de la victoire change. C'est la victoire de Dieu qui nous concerne, ses desseins, même s'il faut pour cela que nous soyons malmenés, déstabilisés, incompris et que notre réputation en souffre.

C'est ce que le Père fait qui doit passer au premier plan. La persévérance nous permet alors de tenir bon, pendant toute la période de transition où le plan de Dieu ne semble pas compréhensible. Notre foi nous garde ancrés profondément en Lui et notre persévérance nous permet de le laisser agir jusqu'à ce que sa volonté soit manifeste.
O que le Seigneur nous mène à ce stade d'humilité qui lui permet de diriger complètement et librement nos vies, à sa seule gloire !

LE VOCABULAIRE DE LA FOI

Apocalypse 3:20
Voici, je me tiens à la porte, et je frappe. Si quelqu'un entend ma voix et ouvre la porte, j'entrerai chez lui, je souperai avec lui, et lui avec moi.
-ACCES :
Romains 5:1-2
Etant donc justifiés par la foi, nous avons la paix avec Dieu par notre Seigneur Jésus Christ, à qui nous devons d'avoir eu par la foi accès à cette grâce, dans laquelle nous demeurons fermes, et nous nous glorifions dans l'espérance de la gloire de Dieu.

La foi est un accès : tu crois dans ton cœur ; tu confesses de ta bouche, tu fais de Jésus ton sauveur. Après avoir donné accès à notre cœur à Jésus, nous obtenons nous-mêmes un accès à Dieu. Cet accès constitue la grande différence entre nous, désormais réconciliés avec Dieu, et le reste du monde qui reste éloigné de la présence de l'Eternel.
Avoir la foi, nous permet de donner à Dieu l'accès total à notre cœur. Quand le Seigneur a un tel accès il peut pénétrer nos cœurs avec sa parole et renouveler nos pensées, nous transformer de l'intérieur, nous guérir, nous rendre capables de faire sa volonté. J'insiste sur cette conception de la foi car c'est celle qui englobe tout : la foi pour être converti, la foi pour marcher avec Dieu chaque jour, la foi pour recevoir de Dieu, la foi pour surmonter les difficultés, la foi pour entreprendre de grandes choses et accomplir la volonté du Père.

Que fait le Seigneur par notre foi? Il vient mettre sa loi dans notre cœur , développer en nous une autre personnalité, parce que nous avons ouvert notre cœur à toute l'action de son Esprit et à sa présence. Cette foi/accès est une clé qui ouvre tout notre être à Dieu, et qui nous ouvre toutes les portes du royaume. C'est donc un accès dans les deux sens : Dieu a accès à notre cœur, alors nous avons accès à son royaume.

Quand cela se produit, par le renouvèlement de notre intelligence, l'Eternel travaille à te donner un cœur de chair, c'est-à-dire un cœur souple, flexible, malléable, perméable à sa pensée. Un cœur qui reçoit sa Parole, accepte sa volonté et se soumet à ses principes. Un cœur qui va aimer, désirer la pureté, la sainteté. Un cœur qui va devenir ce que Dieu veut parce qu'il se détourne des ténèbres, et se laisse remplir de lumière.

BRISEMENT
Mathieu 16:24
Si quelqu'un veut venir après moi, qu'il renonce à lui-même; qu'il se charge de sa croix et qu'il me suive.

Pour parvenir à cela, Dieu va faire un brisement en nous : c'est le deuxième mot que nous allons examiner. Un brisement indispensable car notre volonté doit se courber devant Dieu. Dieu va briser en nous, la rébellion, l'orgueil, la vanité. Il va briser nos certitudes, afin que nous nous mettions à l'écoute de sa volonté. Il va briser ce à quoi nous tenons le plus, nous pousser à nous humilier pour que nous apprenions à dépendre de Lui. Quand nous savons dépendre de Dieu, attendre avec patience que sa volonté se fasse, accepter les moments difficiles, les situations douloureuses pour le servir, quand nous savons nous priver, nous dépouiller, nous mettre au service des autres, sans chercher de gain personnel, nous avons été brisés par Dieu et nous sommes prêts à agir dans le royaume.

Tant que ce brisement n'est pas fait même nos qualités et nos dons vont poser problèmes dans le groupe. En fait on ne peut pas plaire à Dieu par les efforts et activités charnelles:
Romains 8:7-9 « *car l'affection de la chair est inimitié contre Dieu, parce qu'elle ne se soumet pas à la loi de Dieu, et qu'elle ne le peut même pas.*
Or ceux qui vivent selon la chair ne sauraient plaire à Dieu
Pour vous, vous ne vivez pas selon la chair, mais selon l'esprit, si du moins l'Esprit de Dieu habite en vous. Si quelqu'un n'a pas l'Esprit de Christ, il ne lui appartient pas »

Ainsi, il faut que ceux qui se donnent à Dieu, soumettent leur volonté au Seigneur et permette à son Esprit d'avoir un accès total à leur cœur, en sorte que tout en eux soit sanctifié, régénéré, et que nous puissions marcher en nouveauté de vie. Bien-sûr ce processus de transformation prend du temps et nous avons donc besoin de faire preuve de beaucoup de patience les uns envers les autres. Parfois, il est plus long pour certaines personnes et nécessitent des épreuves douloureuses. Mais le Seigneur est toujours le grand vainqueur, son projet aboutit toujours.

LA CONFIANCE

Romains 8: 28 Nous savons du reste que toutes choses concourent au bien de ceux qui aiment Dieu, de ceux qui sont appelés selon son dessein..

Pour certains, ce verset pourrait laisser à penser que confiance rime avec une telle assurance que point n'est besoin d'effort et de sacrifice, tout, le chrétien a tout à portée de main. Certes, nous avons tout à portée de foi, mais le Seigneur est meilleur pédagogue que cette théorie semble vouloir l'exprimer. Il sait de quoi nous avons besoin pour faire émerger la nouvelle créature dans tout son rayonnement.

Il sait nous donner ce dont nous croyons ne pas avoir besoin: quelques leçons, quelques contradictions, quelques montagnes à gravir, quelques déserts... Un peu, beaucoup de solitude; un peu, beaucoup de perplexité; un peu, beaucoup de paradoxes et de stupeur... Quand on se croyait établi, nous voilà chancelant; quand on se croyait debout, nous voilà à genoux; à ceux qui avaient perdu l'habitude de pleurer, de quoi rendre ce cœur fier plus malléable et ce regard moins arrogant..

Certains virages sont plus longs, plus dangereux, il faut ralentir sinon on se retrouve dans le décor; certaines lignes droites sont trompeuses: un accroc dans la route et on se retrouve encore, dans le décor. Dieu seul connaît le relief de notre vie, l'ergonomie de notre existence et les objectifs qu'Il lui a assignée. Quand on a trop d'appuis, trop de certitudes, paradoxalement, on est peut-être déjà en danger.. Parole de scout, expérience vécue. On se croit souple et flexible, il suffit d'être décontextualisé, transporté dans un autre décor et nous voilà raide de peur, de perplexité et d'un trop plein de confiance qui vous paralyse. On se sent vide et incapable d'avancer parce qu'incapable de se remettre en cause.

Certains éléments nouveaux peuvent nous déstabiliser au point qu'on se perdrait corps et âme si notre Dieu bienveillant et fidèle ne nous tenait pas dans sa main sûre.. C'est alors que la souffrance s'installe.. quelle soit physique ou mentale, elle rend perplexe et nous met à genoux.. Tout vacille, et tout est remis en cause. Les compteurs sont remis à zéro, et il faut vite comprendre que la seule alternative.. c'est l'abandon de soi.

C'est simple à dire, difficile à comprendre et douloureux à faire ! La paix semble vouloir vous quitter et la confiance s'étiole. On se découvre faible, lâche et sans perspective, tout d'un coup... la vie n'a plus le même goût.. Dieu sait, heureusement nous préparer à la difficulté, Il sait nous conduire vers et dans l'adversité. On n'y arrive ni trop tôt, ni trop tard: juste quand on est assez équipé pour tenir mais pas encore trop orgueilleux pour jeter l'éponge, le bébé et l'eau du bain... Nous ne sommes pas de ceux qui abandonnent le Seigneur !

C'est bon de savoir que quand nous sommes faibles, Il est fort et que cette faiblesse travaille à nous rendre plus forts; vraiment plus forts, et toujours plus équipés pour l'avenir. C'est bon de savoir que le Seigneur voit nos vraies faiblesses, celles qui restent invisibles à l'œil nu, celles qui nous font paraître forts et nous rendent vulnérables et "croquables" par l'ennemi. C'est bon de savoir que le Seigneur sait comment combler les vides, et réduire les excès dans nos cœurs et dans nos vies.

C'est bon... mais ça fait mal.. C'est bon mais quand ça dure...c'est comme des contractions... plus le moment de la délivrance approche et plus la douleur s'intensifie, c'est à peine si l'on se souvient qu'il s'agit d'un heureux évènement et que la vie va exploser... bientôt... bientôt !

LA PRIERE : *de la pétition personnelle à l'intercession*

Philippiens 4:6 Ne vous inquiétez de rien ; mais en toute chose faites connaître vos besoins à Dieu par des prières et des supplications, avec des actions de grâces.
Jacques 5 :16 Confessez donc vos péchés les uns aux autres, et priez les uns pour les autres, afin que vous soyez guéris. La prière fervente du juste a une grande efficacité

Il en va de la prière, comme pour les autres éléments de notre vie spirituelle. Le Père nous fait progresser de sorte que nous soyons transformés au point de pouvoir interagir avec Lui, selon sa volonté. Il ne nous fait pas avancer à grands coups de persécutions, ou de traité de théologie. Tandis que nous cheminons avec Lui, notre croissance spirituelle développe une intelligence spirituelle qui nous amène à passer d'un niveau à un autre, de façon spiralaire, et efficace.

La Parole de Dieu nous instruit, l'Esprit Saint nous guide, et souvent, les circonstances de la vie nous enseignent de précieuses leçons. Comme les pédagogues le Seigneur utilise les variables didactiques pour nous pousser à changer de posture, de manière de vivre notre foi. De simples changements d'atmosphère, autour de nous provoquent souvent une recherche de la volonté de Dieu plus poussée et nous amènent à évoluer. Il en est ainsi aussi pour la prière.

Dès le début de notre marche avec Dieu, nous apprenons à Lui confier nos requêtes. D'abord, comme des enfants gâtés, nous sommes soucieux d'obtenir ce qui semble correspondre à nos besoins. Nous devenons de plus en plus pressants, tandis que l'urgence nous affole et de plus en plus confiants tandis que le Seigneur exauce nos prières. Nous apprenons donc progressivement, à utiliser la prière pour obtenir tout ce dont nous avons besoin.

Nous apprenons à compter sur la fidélité du Seigneur, à tenir ferme sur ses promesses, à utiliser notre foi pour anticiper de grandes victoires et à demeurer fermes, sans douter ni vaciller. Bien vite, nous comprenons qu'il vaut mieux dépendre de Dieu que des hommes, se courber devant Lui plutôt que de craindre les humains, car « la crainte de l'homme est un piège » disent les Ecritures. Nous retenons fermement l'avertissement solennel donné à plusieurs reprises par l'Eternel : « Ainsi parle l'Éternel : Maudit soit l'homme qui se confie dans l'homme, Qui prend la chair pour son appui, Et qui détourne son cœur de l'Éternel ! » (Jérémie 17 :5).

Ainsi, le recours à la prière devient instantané et la foi permet de s'attendre à Dieu, jusqu'à l'obtention de la victoire. Dès lors, la vie spirituelle permet de s'élever au niveau d'une marche de foi, dans la contemplation et dans l'action. Cette vie de prière accentue le sentiment de liberté de celui qui s'appuie sur le Père et ne dépend plus des hommes pour avancer et surmonter les obstacles. Cette relation personnelle avec Dieu accentue aussi la consécration, et nourrit l'adoration. La prière permet aussi de garder son cœur de toute souillure et notamment de la rancune, car chacun le sait qui ne pardonne pas les offenses commises à son égard, ne pourra prétendre être entendu du Seigneur.

Progressivement, l'efficacité de nos pétitions personnelles nous amène à nous sentir concernés, mus par la compassion et le désir de faire changer ce qui semble contraire à l'ordre divin. Connaissant l'efficacité de la prière, c'est tout naturellement que nous arrivons à l'intercession. D'abord, nous présentons toutes nos requêtes indifféremment, les nôtres, celles de nos proches, puis nous sommes amenés à consacrer plus de temps à l'intercession. Plus nous sommes impliqués dans le service, plus nous prenons le temps de l'intercession. Plus nous devenons ouvrier avec Dieu, plus l'intercession s'impose et occupe notre temps. Nous passons d'une saison où nous réservions des plages horaires à la prière, à une saison dans laquelle, nous prions à tout moment, et pour tout.

Nous comprenons que le Seigneur vit aux côtés du Père, désormais, pour intercéder pour nous et nous rentrons dans cette dimension avec Lui. Nous nous donnons pour être ouvrier avec Lui, dans l'intercession afin que Dieu puisse intervenir dans l'histoire des hommes et accomplir sa volonté. Le zèle de la maison de Dieu, son amour nous étreint : ce qui l'interpelle nous interpelle, ce qui l'occupe nous occupe. Notre temps devient son temps, et nos cœurs sont synchrones avec son Esprit pour que le Père règne.

Ainsi notre respiration spirituelle exprime les aspirations profondes de tout intercesseur : « Que ton règne vienne, que Ta volonté soit faite ». (Matthieu 6 :10). C'est ainsi que bien vite, quand nous commençons à intercéder, nous devenons sensibles à la souveraineté de Dieu. Nous prenons alors le temps de comprendre sa volonté, de rester à l'écoute de son Esprit pour prier en accord avec sa pensée. Nous permettons, en outre à l'Esprit Saint de prier à travers nous, car nous ne savons pas, bien souvent, comment prier : « De même aussi l'Esprit nous aide dans notre faiblesse, car nous ne savons pas ce qu'il nous convient de demander dans nos prières. Mais l'Esprit lui-même intercède par des soupirs inexprimables ; » Romains 8 :26.

LA SAINTETE

Colossiens 3 :5 Faites donc mourir les membres qui sont sur la terre, l'impudicité, l'impureté, les passions, les mauvais désirs, et la cupidité, qui est une idolâtrie.

Nous savons que les désirs de la chair sont contraires à ceux de l'Esprit et que la chair ne peut pas se soumettre à Dieu et comme David, notre attachement au Seigneur, l'amour qui nous relie à Lui, nous pousse à désirer ce qu'Il désire pour nous et à lui plaire en toute chose.
Notre standard est simple, il est résumé dans cette affirmation de notre Seigneur Jésus lui-même : «celui qui m'a envoyé est avec moi; Il ne m'a pas laissé seul, parce que je fais toujours ce qui lui est agréable.» Jean 8:29
C'est un standard d'excellence, un niveau de maturité très avancé. Notre croissance spirituelle ne s'arrêtera jamais, elle nous amènera à ce niveau si nous nous engageons dans ce processus de progrès, de régénération effectué par l'Esprit et si nous lui permettons d'oeuvrer en nous de manière ininterrompue. Lorsque, même les circonstances difficiles n'interrompent pas nos progrès en Dieu, alors, l'Esprit produit en nous un fruit qui amorce un niveau élevé d'intégrité dans nos coeurs. Le fruit développé en nous, équipe notre personnalité de toutes les vertus et toutes les capacités pour mener à bien notre mission sur terre, en utilisant les caractéristiques des citoyens du Royaume.

Ainsi nous comprenons que le processus de maturité spirituelle nous amène à être avant de nous équiper à faire, si bien que notre action est caractérisée par un niveau d'intégrité excellent, comme celui dont se prévalait l'apôtre Paul.
Quand nous relisons les écrits de Paul, nous comprenons que ces capacités nous viennent bien de Dieu: « Ce n'est pas que nous soyons par nous mêmes capables de concevoir quelque chose comme venant de nous-mêmes. Notre capacité, au contraire, vient de Dieu.» (2 Cor 3: 5).

Lorsque nous permettons à l'Esprit de produire ce fruit en nous, il nous appartient ensuite d'utiliser ces vertus , spontanément, en tout temps, comme faisant entièrement partie de notre caractère désormais. Nous y auront recours, sans avoir à y réfléchir, dès lors que nous aurons atteint ce niveau de maturité qui nous fait désirer plaire à Dieu, en tout temps et en toute chose. Nous ne serons plus aux prises avec nous-mêmes, bataillant contre nos faiblesses, et contre les oeuvres de la chair, parce que nous serons parvenus au stade où l'Esprit de Dieu aura développé en notre âme d'autres caractéristiques, d'autres éléments d'intelligence émotionnelle, avec lesquels nous réagiront et nous agirons. Ainsi Paul confrontés aux critiques de ces détracteurs leur répond: «..injuriés, nous bénissons; persécutés, nous supportons; calomniés, nous parlons avec bonté..» (1 Cor 4: 12-13)

Il serait impossible de servir Dieu, en cherchant à lui plaire, sans être devenu la personne que nous devons être. C'est pourquoi cette plénitude dont parle l'apôtre Paul, dans sa prière pour les Ephésiens, est indispensable. Ainsi remplis, équipés , morts au monde et pressés par l'amour de Dieu, notre Seigneur nous accompagne et valide nos actions.

PURETE : de la discipline à la sanctification

Mathieu 5:8
Heureux ceux qui ont le cœur pur, car ils verront Dieu !

Ah ! me direz-vous le sujet de la pureté peut remplir des volumes ! En effet, ce n'est pas une mince affaire. C'est un thème si important que Dieu a envoyé son Fils unique pour que nous soyons libérés des chaînes de l'enfer et de la chair, et que nous puissions accéder à ce stade de pureté qui nous permet de vivre en sa présence.

Comprenons bien, d'abord, que l'on ne peut parler de pureté sans parler de Dieu, en tout cas quand il s'agit de la pureté de l'homme. Puis comprenons aussi que l'homme ne peut être pur, si son cœur ne l'est pas. Ce n'est pas la religion, ou la culture ou la race de l'homme qui fait sa pureté, ni sa propreté mais son état face à la volonté de Dieu.

En effet, l'homme est déclaré pur quand il est en harmonie avec la volonté de Dieu telle qu'elle est expliquée dans les Ecritures. Qui est pur aux yeux de Dieu:
Deux cas :
-celui qui est justifié parce qu'il est né de nouveau, qui a accepté Jésus comme Seigneur et Sauveur, par la foi: dans ce cas; il est déclaré pur et sans tache comme s'il n'avait jamais péché. Cette justification permet au pécheur d'être accueilli dans la présence de Dieu, dans son royaume, après s'être repenti d'une vie sans Dieu.
-Celui qui se sanctifie, qui se garde des souillures du monde, après avoir été justifié par la foi en Jésus.
Dans les deux cas, cette pureté est une quête, quelque chose que l'on recherche et que l'on chérit. Celui qui est bien dans son état ne cherche pas à changer, mais celui qui aspire à une autre vie, celui-là cherche et Dieu le guide vers la vérité.

Oui la pureté est liée à la vérité. Les hommes ne peuvent pas vous communiquer la pureté, seul Dieu, pur par nature, le peut. C'est donc à Lui qu'il faut regarder pour acquérir et garder cette pureté. Sans doute vous allez penser que c'est trop ambitieux de viser la pureté. Mais c'est exactement le projet de Dieu pour chacun:

2Corinthiens 11:2
Car je suis jaloux de vous d'une jalousie de Dieu, parce que je vous ai fiancés à un seul époux, pour vous présenter à Christ comme une vierge pure.

Dieu a fait le projet de nous doter d'une nouvelle nature qui va s'attacher à Lui, chercher à garder ses commandements et à marcher selon ses principes et sa volonté. Quand le processus sera terminé, nous pourrons nous présenter devant Lui purs. De quoi parlons-nous? Nous parlons de la régénération : le processus par lequel Dieu, par son Esprit en nous, nous change de l'intérieur: il met en harmonie notre volonté et nos désirs avec sa volonté et ses projets pour notre vie: Romains 12:1-2
Je vous exhorte donc, frères, par les compassions de Dieu, à offrir vos corps comme un sacrifice vivant, saint, agréable à Dieu, ce qui sera de votre part un culte raisonnable.
Ne vous conformez pas au siècle présent, mais soyez transformés par le renouvellement de l'intelligence, afin que vous discerniez quelle est la volonté de Dieu, ce qui est bon, agréable et parfait.

Ce processus ne peut se mettre en œuvre que par notre soumission à Dieu et avec notre coopération. Il y a d'une part, la volonté de ne plus se soumettre aux principes de vie du monde, de résister à ce qui ne plaît pas à Dieu et d'autre part, la volonté de laisser l'Esprit vous enseigner, vous révéler ce qui plaît à Dieu. Par cet abandon volontaire et cette participation active à l'action de l'Esprit en nous, nous permettons au Seigneur de nous positionner pour une marche avec Lui vers une maturité, qui produit la pureté. Dieu s'est donné les moyens d'atteindre ses objectifs pour notre vie, et si nous le laissons faire, Il nous mènera vers une vie de plus en plus pure, conforme à sa volonté.

Hébreux 10:22
Approchons-nous avec un cœur sincère, dans la plénitude de la foi, les cœurs purifiés d'une mauvaise conscience, et le corps lavé d'une eau pure.

Voyons maintenant concrètement de quoi il s'agit quand nous parlons de pureté. Ce verset nous donne de plus amples explications: la sincérité de cœur, donc profonde, donc réelle, la plénitude de la foi, la aussi profonde, réelle : il ne s'agit pas de religion, de croyances, d'habitudes ou de traditions, ou de superstitions.. Le verset parle aussi de conscience: donc de ce qui au plus profond de nous est débarrassé de mauvaises pensées, mauvais désirs, mauvaises motivations, mauvais penchants. Et le passage mentionne aussi l'état du corps; le fonctionnement charnel, les besoins, les appétits, les convoitises, les élans du corps tout doit être passé au lavage. Qu'est ce qui peut laver tout cela ? La Parole de Dieu, la révélation de la vérité.

Comment la Parole agit elle pour laver nos corps ? Elle filtre nos désirs et les confronte à la volonté de Dieu pour provoquer en nous une volonté de changer. Alors, tandis que l'Esprit nous guide et nous fortifie, nous résistons aux tentations, nous nous soumettons à Dieu, nous nous laissons pénétrer par sa Parole, par sa présence, sa joie, sa paix et nous changeons progressivement, jusqu'à ce que nos désirs charnels ne fassent plus obstacles à notre foi.

Un cœur sincère, la plénitude de la foi tout cela n'arrive pas du jour au lendemain, mais tandis que l'on marche avec Dieu, en s'abandonnant à Lui. Nos émotions sont assainies, clarifiées, purifiées de tout ce qui les manipulait et les gardait au niveau charnel. Elles servent alors à ressentir la présence, la volonté de Dieu, sa paix, sa joie. Elles nous permettent de rester connectés, attachés, passionnés, déterminés à le servir. Il n'y a plus dualité entre ce que nous voulons être et ce que nous sommes. Nous pouvons vivre en harmonie avec les principes de Dieu auxquels nous adhérons complètement. Il ne s'agit plus seulement de discipline, ou d'habitudes, mais de chercher toujours à vivre dans la présence de Dieu pour accomplir ce qui lui plaît. C'est la vie Zoe, abondante et libre de toute chaîne.

Jacques 1:27
La religion pure et sans tache, devant Dieu notre Père, consiste à visiter les orphelins et les veuves dans leurs afflictions, et à se préserver des souillures du monde.

Alors nos actions, nos projets, notre implication dans la vie des autres manifestent cette nouvelle vie. L'amour de Dieu qui a été versé dans nos cœurs (Romains 5/5) s'écoule vers les autres et rayonne. Il se déverse en compassion et bonnes œuvres; le désir sincère de plaire à Dieu qui provient d'une conscience débarrassée de souillures nous pousse à nous garder, à nous préserver de tout ce qui pourrait nous remettre sous l'esclavage des désirs charnels.

C'est d'abord le cœur, la nature qui sont changés par la pureté de la Parole et ce changement se traduit en actes concrets inspirés par notre nouvelle nature, donc sincères et spirituels. Il y a donc un aspect de la pureté qui a trait à nos actions, nos engagements sur le terrain, dans notre quotidien. Celui qui est ainsi changé, en effet, l'est pour servir, pour permettre à Dieu de l'utiliser selon sa volonté, pas seulement pour son propre confort. Ainsi nous devenons des vases d'honneur dans la maison du Père et à sa seule gloire !

Ceux qui, en effet, cherche à vivre selon Dieu avec un cœur sincère, une plénitude de foi, le cœur purifié d'une mauvaise conscience; le corps lavé d'une eau pure, continuent à se purifier en vivant en harmonie avec les principes de Dieu et surtout en gardant leurs pensées fixées sur ce que Dieu fait et dit. Tandis que leurs pensées sont ainsi épurées et concentrées sur la présence de Dieu, ils peuvent ainsi s'approcher de Lui, entendre sa voix, le contempler et le louer. Passé le stade de la sanctification, vient celui de la pureté où celui qui a été lavé, débarrassé des souillures, se garde pur et cherche à demeurer dans la présence du Seigneur, pour le servir et le contempler.

Cette quête de pureté nous amène aux pieds du trône, au plus près de Dieu pour rester connecté à sa présence et accomplir sa volonté. Nos pensées sont alors imprégnées de sa volonté, de son amour, de ses projets. Nos désirs deviennent ses désirs et nous n'avons qu'une raison de vivre : le servir. Cette quête de pureté nous amène à un stade de maturité avancé: à ce stade, nous voulons maîtriser tout ce qui nous concerne avec l'aide de l'Esprit saint pour rester capable de vivre en Dieu et pour sa gloire.

Il ne s'agit pas seulement de discipline, parce que nous ne voulons pas simplement être maîtres de nous-mêmes; nous voulons, au contraire nous maîtriser suffisamment pour que rien ne nous empêche de nous abandonner à Dieu, et que rien ne fasse obstacle à sa volonté en nous. Nous résistons donc farouchement à tout ce qui peut nous détourner du Seigneur, à tout ce qui peut nous influencer ou nous manipuler. Nous restons vigilants et nous efforçons de faire des choix qui permettent à l'Eternel de prendre et de garder le contrôle de nos vies.

Cette quête de pureté nous amène à établir l'autorité de Dieu sur nos vies, et à utiliser celle qu'Il nous a donnée pour rester déterminés à le servir, en éliminant, systématiquement tout élément parasite et inutile. Nous ne nous embarrassons plus des affaires du monde car nous sommes enrôlés dans l'armée du Seigneur. Toutes nos gestions ont le même objectif: quoique que nous ayons à gérer, nous le faisons en gardant les yeux sur la volonté de Dieu.
Nous n'hésitons plus, et nous n'avons plus d'état d'âmes, notre cœur est fixé, stabilisé sur un objectif: celui de plaire à l'Eternel. Nous luttons pour parvenir à ce stade, en revêtant l'armure du croyant et quand nous y sommes parvenus, nous tenons fermes, après avoir tout surmonté.

Le Seigneur est fidèle, Il a promis son soutien et sa présence à nos côtés, son Esprit nous équipe et nous garde, nous ne pouvons pas échouer. Le plus difficile, en fait, c'est de permettre à Dieu de déclencher le processus et de le maintenir, malgré les circonstances et les difficultés. Trop souvent, on abandonne quand les épreuves s'accumulent. La pureté a un prix, et le chemin long et contraignant est semé d'embûches. C'est pourquoi de nombreuses récompenses sont prévues pour ceux qui endureront jusqu'à la fin et qui vaincront. Soyons donc de ceux-là !

DISCIPLE

Mathieu 28:19 Allez, faites de toutes les nations des disciples, les baptisant au nom du Père, du Fils et du Saint Esprit,

Un disciple c'est celui qui est enseigné et qui apprend par l'expérience, en acquérant des savoir être et des habitudes, en mettant en pratique ses savoirs, guidé par le Maître. C'est donc une personne formée, informée et qui maîtrise des savoirs. Un disciple, dans la Bible, c'est aussi celui qui œuvre avec Jésus, à la diffusion de Sa Parole...

Ceux qui viennent à Christ doivent se soumettre au processus qui fera d'eux des disciples de Jésus. Le but ultime de cette formation c'est de les rendre semblable à leur Sauveur et Seigneur (Romains 8:29), et cela explique pourquoi ce processus dure tout au long de la vie...
D'abord Dieu devient notre Père car la relation qui est établie entre Dieu et nous, en Jésus, après la nouvelle naissance, fait de nous des enfants de Dieu (Jean 1:12). Humblement, mais avec l'assurance de la foi, nous ouvrons nos cœurs pour recevoir sa Parole, pour le craindre et l'honorer.

Craindre Dieu sans le connaître comme Père ferait de nous des religieux et des superstitieux. La superstition s'installe et règne là où l'ignorance des principes de Dieu sévit et quand les croyants ne cherchent pas à dépendre de Dieu. Pour de nombreuses personnes, notre relation à Dieu, en Christ, semble excessive parce qu'elles ne veulent pas vivre en complète dépendance de Dieu et ne veulent ni apprendre ni comprendre sa Parole.

Jésus notre Seigneur nous envoie faire des disciples, pas des croyants, Il sait pourquoi. Il le dit en *Jean 8:31-32* : « *Et il dit aux Juifs qui avaient cru en lui : Si vous demeurez dans ma parole, vous êtes vraiment mes disciples ; vous connaîtrez la vérité, et la vérité vous affranchira.* »
Jésus sait que les disciples se soumettent à leur Maître, reçoivent humblement sa Parole, et sont déterminés à la mettre en pratique. Les disciples sont des croyants pratiquant. Ceux -là s'humilient devant Dieu comme des petits enfants qui recherchent Dieu. Ce qui caractérise les disciples est là :
- Ils cherchent Dieu, son royaume et sa justice, premièrement (Mathieu 6:33)
- Ils veulent se laisser guider par l'Esprit (Romains 8:14)
- Ils se laissent remplir par l'Esprit Saint (Ephésiens 5:18-19) pour recevoir l'autorité, la puissance pour résister au diable, aux désirs charnels et impacter leurs auditeurs du message de l'Evangile.
- Ils se présentent constamment devant Dieu comme un sacrifice vivant, s'abandonnent à Lui, ne désirent pas faire selon leur libre arbitre, mais comme Dieu le veut (Romains 12:1-2)
- Ils gardent et appliquent les commandements de Dieu et surtout aiment comme Jésus a aimé (Jean 15:10)
- Acceptent la persécution avec joie (Jacques 1:2) en se soumettant au Seigneur.
- ont une vie de prière active et fervente (1 Thessaloniciens 5:17)

Voilà bien ce qui distingue les disciples des religieux. C'est aussi ce qui garde les disciples des dangers et des errements de la superstition qui aboutissent souvent à des pratiques occultes que Dieu qualifient d'abomination. On peut aussi se retrouver à utiliser des substances dangereuses pour la santé, pour soulager ses douleurs, ou simplement on demeure victime de soi-même, de la tyrannie des désirs charnels, ou des circonstances. Quand on ne connaît pas Dieu, quand on n'accepte pas de se soumettre à sa Parole, de dépendre de Lui, en toute chose, on peut devenir une proie facile et tomber dans des pièges grossiers pour tenter de se donner un avenir...

C'est pourquoi, comme l'apôtre Paul, nous encourageons chacun à être réconcilié avec Dieu et à devenir disciple de Jésus-Christ.

PARDONNER

Matthieu 6.14-15 "Si vous pardonnez aux hommes leurs fautes, votre Père céleste vous pardonnera aussi, mais si vous ne pardonnez pas aux hommes, votre Père ne vous pardonnera pas non plus vos fautes."

Quand nous prenons la décision de pardonner, nous envoyons un signal fort à nos émotions et nous les forçons à se remettre à leur place. Nos émois, ont, en effet, tendance à vouloir régir nos pensées, donc nos actions et nos réactions. En fait, c'est la chair, qui veut garder le contrôle de notre être et qui tente d'instrumentaliser nos ressentis pour continuer à diriger.
La porte de nos émotions est un passage que l'ennemi de nos âmes connait bien. Il sait nous manipuler pour passer par-delà la barrière de la connaissance de la Parole, par-dessus celle de la sagesse, contourner celle de la raison et de l'expérience pour nous paralyser par un flot de ressentis.

Si l'on n'y prend pas garde un événement isolé devient un complot, un incident minime devient une affaire d'état. Depuis l'histoire de Caïn, nous savons pourtant que le pêché se tient devant la porte de nos émotions. Nous savons que la chair ne sait pas gérer les émois, c'est pourquoi nous devons nous en remettre à Dieu. Au lieu de lire les événements de notre vie, par le filtre de nos ressentis, nous devons amener toutes nos requêtes à Dieu et permettre à son Esprit de nous guider dans la compréhension, la gestion de nos situations avec la sagesse du Seigneur.

C'est ainsi que de nombreux passages nous encouragent à prier sans cesse, à faire connaitre, donc à présenter toutes nos requêtes au Seigneur, et à recevoir sa paix. Ce processus doit nous amener à dompter nos émois, nous débarrasser des ressentis qui polluent notre foi. Quand nous prions, nous ne répétons pas à Dieu nos griefs et nos offenses : nous lui soumettons la situation telle que nous l'avons vécue en lui demandant de nous aider à surmonter, et nous ouvrons nos cœurs pour recevoir la sagesse nécessaire pour comprendre, gérer, accomplir sa volonté, rester fort, continuer à glorifier son nom et à avancer. Si nous sommes déterminés à glorifier notre Dieu en tout temps, Il nous remplira de force, de sagesse et de paix. Il nous montrera ce qu'il faut faire: Il a promis de nous guider (Romains 8:14, (Psaume 32:8) et Il le fera.

En attendant que les choses changent ou évoluent, la paix de Dieu gardera nos cœurs et nos pensées   (Philippiens 4:19). Cette paix nous devons la désirer et surtout rester détermines à la garder. Ce n'est pas que nous accepterons n'importe quel compromis, mais, plutôt que nous nous en remettons à Dieu et nous gardons foi en sa Parole et nous restons fermes sur ses promesses. Nous refusons la rancœur, le doute et toutes les œuvres de la chair qui ne peuvent qu'aggraver notre désarroi.

Voilà pourquoi, notre Seigneur insiste de manière si radicale sur le pardon. Il s'agit d'une énergie réparatrice qui cicatrise les plaies, permet la guérison, la restauration de ce qui avait été meurtri, sans que la blessure ne s'infecte davantage par des ressentis parasites et opportunistes qui conduisent à la ruine de l'âme et même du corps, quand on sait les dégâts que peut causer le stress. Le pardon nous permet de nous en remettre à Dieu. Et de le laisser nous guider dans l'analyse, la compréhension de la situation pour savoir quoi faire et comment le faire le moment venu. Ainsi c'est Dieu, par son Esprit qui demeure en nous qui dirige et contrôle notre fonctionnement, nos pensées et nos désirs.

L'enjeu du pardon, est donc dans la faculté de laisser l'Esprit régner plutôt que de se remettre sous le joug de la chair et sa tyrannie. Il s'agit donc de choisir qui va régner en nous: la chair ou l'Esprit de Dieu.

LE COURAGE : de l'audace à la victoire

Esther 2:6-8 Il y avait dans Suse, la capitale, un Juif nommé Mardochée, fils de Jaïr, fils de Schimeï, fils de Kis, homme de Benjamin, qui avait été emmené de Jérusalem parmi les captifs déportés avec Jeconia, roi de Juda, par Nebucadnetsar, roi de Babylone. Il élevait Hadassa, qui est Esther, fille de son oncle ; car elle n'avait ni père ni mère. La jeune fille était belle de taille et belle de figure. A la mort de son père et de sa mère, Mardochée l'avait adoptée pour fille. Lorsqu'on eut publié l'ordre du roi et son édit, et qu'un grand nombre de jeunes filles furent rassemblées à Suse, la capitale, sous la surveillance d'Hégaï, Esther fut aussi prise et conduite dans la maison du roi, sous la surveillance d'Hégaï, gardien des femmes.

C'est dès ce moment de sa vie qu'Esther fait preuve de courage, en quittant son foyer modeste auprès de son oncle, pour rejoindre ce palais, ce milieu si différent et totalement inconnu. Comme Ruth Esther est fidèle et obéissante, bien qu'il semble bien qu'elle n'ait pas eu vraiment le choix. En tout cas, on ne l'entend pas se rebeller. Dès son arrivée, quelque chose en elle, lui vaut les faveurs du gardien des femmes, autant dire de Dieu. Ce courage place Esther d'emblée au cœur de son destin, et fait d'elle tout à la fois un acteur de la grâce de Dieu et un bénéficiaire.

Ainsi va la vie en Dieu pour nous. La grâce de Dieu nous accompagne et nous ouvre bien des portes, mais c'est par la foi et souvent le courage que nous nous engageons volontairement dans le plan de Dieu. Sans courage, dans l'épreuve et la difficulté, nous sombrons corps et biens, malgré la présence et l'aide de Dieu.

Esther 2:17 Le roi aima Esther plus que toutes les autres femmes, et elle obtint grâce et faveur devant lui plus que toutes les autres jeunes filles. Il mit la couronne royale sur sa tête, et la fit reine à la place de Vasthi.
Le caractère d'Esther ajoute sans aucun doute à son attrait et fait rayonner sa beauté. Ceci provient de l'innocence de son cœur et l'absence de duplicité. Esther n'est pas ambitieuse, elle n'est pas orgueilleuse, elle ne semble pas se "prendre la tête" comme on dit aujourd'hui. C'est pourquoi le moment venu elle pourra faire preuve de courage, parce que son intégrité lui permet de s'appuyer sur Dieu.
Ainsi en est-il aussi pour nous, quand nos qualités de cœur, cette beauté intérieure dont parle l'apôtre Pierre nous font rayonner, nous savons que Dieu œuvre en nous et par nous à l'accomplissement de sa volonté. Il faut donc tenir ferme avec courage, refuser les compromis et les raccourcis.

Esther avait compris l'enjeu de la situation dans laquelle elle se trouvait. Mardochée lui avait bien expliqué en peu de mots, que sa présence au palais faisait partie du plan plus global de Dieu pour tenir en échec les plans de l'ennemi contre son peuple. La destinée d'Esther s'expliquait tout d'un coup et son titre de reine, prenait tout son sens. Esther comprit donc vite qu'elle n'était pas au palais seulement par volonté du roi mais surtout par celle de Dieu.
Mais elle n'était ni spontanée ni irréfléchie. Elle connaissait la puissance de la prière, et ce fut son premier recours. Elle eut vite compris, et s'est aussi décidé à rentrer dans sa destinée pour accomplir la volonté de Dieu. Elle rechercha donc l'intervention du Seigneur avant de se précipiter follement devant le roi. Esther savait qu'elle était belle, mais elle ne s'appuyait pas sur cette beauté charnelle, elle n'a pas compromis la réussite du plan du Père par arrogance, ou orgueil. Elle était sage car son recours premier, son appui, ce qu'elle a recherché c'est la présence et l'intervention de Dieu. Elle voulait savoir quoi faire et comment le faire.
Certes c'est la beauté d'Esther qui a servi à l'accomplissement de cette mission périlleuse mais il s'agit d'une beauté que Dieu utilise, pas Esther. Nous aussi nous devons apprendre à nous offrir en sacrifice vivant (Romains 12:1-2) pour que le Père renouvelle notre intelligence,

régénère nos talents, et ce qui caractérise notre personnalité. Quand nous sommes ainsi transformés à la gloire de Dieu, par le Seigneur l'Esprit 2 Cor 3:18, nous pouvons alors être utilisés par Lui.

Rappelons que nos qualités charnelles ne peuvent accomplir la volonté de Dieu. Nous devons nous abandonner entre ses mains, être modelés et transformés avant que sa main puisse nous placer au cœur de sa volonté.

Esther 5:2-8 Lorsque le roi vit la reine Esther debout dans la cour, elle trouva grâce à ses yeux; et le roi tendit à Esther le sceptre d'or qu'il tenait à la main. Esther s'approcha, et toucha le bout du sceptre. Le roi lui dit : Qu'as-tu, reine Esther, et que demandes-tu ? Quand ce serait la moitié du royaume, elle te serait donnée. Esther répondit : Si le roi le trouve bon, que le roi vienne aujourd'hui avec Haman au festin que je lui ai préparé. Et le roi dit : Allez tout de suite chercher Haman, comme le désire Esther. Le roi se rendit avec Haman au festin qu'avait préparé Esther. Et pendant qu'on buvait le vin, le roi dit à Esther : Quelle est ta demande ? Elle te sera accordée. Que désires-tu ? Quand ce serait la moitié du royaume, tu l'obtiendras. Esther répondit : Voici ce que je demande et ce que je désire. Si j'ai trouvé grâce aux yeux du roi, et s'il plaît au roi d'accorder ma demande et de satisfaire mon désir, que le roi vienne avec Haman au festin que je leur préparerai, et demain je donnerai réponse au roi selon son ordre.

On pourrait penser que c'est par manque de courage que la reine Esther ne révèle pas tout de suite au roi ce qui la chagrine. Pourtant sa démarche, sa venue devant le trône sans y avoir été invitée, au péril de sa vie, prouvent le contraire. Esther était sage et probablement patiente. Il semble qu'elle ait pris le temps d'attende les instructions de Dieu vers lequel elle s'est tournée dans le jeûne et la prière.
En tout cas, elle fait bien d'attendre, car le Père avait prévu les étapes successives pour la réalisation de son plan.

Souvent, dans nos vies, la pression des circonstances nous précipitent dans des décisions par des jugements , raisonnements hâtifs et sommaires. En confondant vitesse et précipitation, nous agissons trop souvent avant le temps de Dieu et nous aboutissons à des désastres. Nos émotions nous jouent trop fréquemment de mauvais tours, elles nous rendent sourds aux avertissements du Seigneur et nous poussent à régler des problèmes par nous-mêmes, dans la chair. Le résultat n'est alors, jamais à la hauteur de nos attentes; la frustration s'ajoute, ensuite, à la confusion. Pourtant, les Ecritures affirment: « Ceux qui se confient en l'Eternel renouvellent leur force; ils prennent le vol comme les aigles, ils courent et ne se lassent point, ils marchent et ne se fatiguent point ». (Esaie 40:31).

Esther a su attendre, et c'est sans doute ce qui est le plus difficile quand on espère l'exaucement d'une prière. A l'exemple de Sara qui a cru que son corps pourtant âgé pouvait encore accomplir la promesse de Dieu, Esther a cru et attendu que le Seigneur se manifeste. Elle avait l'occasion de parler avant le temps mais elle ne l'a pas fait. Parfois quand on voit une occasion qui se présente on a tendance à bousculer les choses, car on croit que c'est Dieu qui ouvre soudain une porte. Nous devons être attentifs et concentrés, savoir discerner pour ne pas tomber dans les pièges de l'ennemi. Trop souvent nos désirs sont tellement forts, que ce zèle nous pousse à agir trop vite, et à gâcher le plan. Sachons attendre, nous détendre pendant que Dieu travaille. Ce n'est pas facile, mais il n'y a pas d'autres chemins. Il faut du courage pour attendre, pour résister aux tentations et aux pressions de toutes sortes. Il faut du courage pour tenir quand tout est contraire à ce qu'on attend et que les autres vous regardent perplexes. Mais il faut tenir, rester fidèle et suivre les instructions de Dieu.

Esther 6:10-12
Le roi dit à Haman : Prends tout de suite le vêtement et le cheval, comme tu l'as dit, et fais ainsi pour Mardochée, le Juif, qui est assis à la porte du roi ; ne néglige rien de tout ce que tu as mentionné.
Et Haman prit le vêtement et le cheval, il revêtit Mardochée, il le promena à cheval à travers la place de la ville, et il cria devant lui : C'est ainsi que l'on fait à l'homme que le roi veut honorer !
Mardochée retourna à la porte du roi, et Haman se rendit en hâte chez lui, désolé et la tête voilée.

Esther a été perspicace, elle ne s'est pas laissé détourner de sa mission. En voyant cet épisode, elle aurait pu penser que déjà Dieu avait agi et que sa mission n'avait plus lieu d'être. Elle aurait pu se dire que Mardochée allait être en position de parler au roi et de faire échouer le plan de Haman. Je crois qu'elle y a vu plutôt un encouragement à persister. Elle a compris que Dieu avait commencé à agir et que le timing était bon. Elle a vu le signe que Mardochée et elles étaient en selle pour barrer la route au plan de Haman.
Esther a donc continué à dérouler le plan que le Seigneur lui avait inspiré.
C'est important pour nous aussi de comprendre le timing du Seigneur et les signes qu'Il nous envoie. Je crois que le recours à la prière est le meilleur moyen de s'attendre au Seigneur, de rester sensible à sa voix, à ses interventions de sorte que nous comprenions ce qu'Il fait et ce qu'Il dit.

Ceux et celles qui fréquentent l'intimité de Dieu, dans la prière et l'adoration peuvent mieux recevoir et utiliser ce que l'Eternel met à leur disposition. Souvent la victoire dépend de la qualité de nos interactions avec le Seigneur. La victoire dépend de nos positionnements et de nos attitudes. Le courage, la ténacité, la persévérance mais aussi une bonne acuité dans la perception de la volonté de Dieu sont primordiales. On croit souvent que courage rime avec force, mais c'est souvent avec patience et détermination, abandon de soi, et foi que le courage s'articule pour atteindre la victoire.

Le jeûne et la prière d'Esther, du peuple et de Mardochée ont été efficaces. Esther a trouvé dans son cœur le courage de dénoncer devant le roi qui avait pourtant signé le décret du projet, l'extermination programmée des juifs.
L'intervention de Dieu, a permis sans nul doute au roi de comprendre qu'il a été trompé et manipulé. Esther a réussi; Dieu était en marche, le plan de l'ennemi sera tenu en échec.

Esther 7:8
Lorsque le roi revint du jardin du palais dans la salle du festin, il vit Haman qui s'était précipité vers le lit sur lequel était Esther, et il dit : Serait-ce encore pour faire violence à la reine, chez moi, dans le palais ? Dès que cette parole fut sortie de la bouche du roi, on voilà le visage d'Haman.

Esther n'aurait pas pu planifier une telle réaction de la part de l'ennemi du peuple de Dieu. La main du Seigneur a sans aucun doute tout orchestré et accompli sa volonté. Elle a agi juste assez pour planter le décor, mettre en œuvre la scène, elle s'est impliquée totalement pour faire sa part et ainsi elle a permis à Dieu de faire la sienne. C'est bien Lui qui donne la victoire, et il le fait grâce à une femme courageuse, sage, déterminée mais soumise et patiente.
C'est ce qui se passe quand nous coopérons avec Dieu par notre courage, même dans les temps difficiles, sachant que toutes choses concourent au bien de ceux qui l'aiment.

Vers la maturité : Progresser avec le Seigneur

LE COURAGE

Job 1: 1Il y avait dans le pays d'Uts un homme qui s'appelait Job. Et cet homme était intègre et droit ; il craignait Dieu, et se détournait du mal (3) Il possédait sept mille brebis, trois mille chameaux, cinq cents paires de bœufs, cinq cents ânesses, et un très grand nombre de serviteurs. Et cet homme était le plus considérable de tous les fils de l'Orient. (16-19)Il parlait encore, lorsqu'un autre vint et dit : Le feu de Dieu est tombé du ciel, a embrasé les brebis et les serviteurs, et les a consumés. Et je me suis échappé moi seul, pour t'en apporter la nouvelle. Il parlait encore, lorsqu'un autre vint et dit : Des Chaldéens, formés en trois bandes, se sont jetés sur les chameaux, les ont enlevés, et ont passé les serviteurs au fil de l'épée. Et je me suis échappé moi seul, pour t'en apporter la nouvelle. Il parlait encore, lorsqu'un autre vint et dit : Tes fils et tes filles mangeaient et buvaient du vin dans la maison de leur frère aîné ; et voici, un grand vent est venu de l'autre côté du désert, et a frappé contre les quatre coins de la maison ; elle s'est écroulée sur les jeunes gens, et ils sont morts. Et je me suis échappé moi seul, pour t'en apporter la nouvelle.(22) En tout cela, Job ne pécha point et n'attribua rien d'injuste à Dieu.
(Job 2:3-10) L'Éternel dit à Satan : As-tu remarqué mon serviteur Job ? Il n'y a personne comme lui sur la terre ; c'est un homme intègre et droit, craignant Dieu, et se détournant du mal. Il demeure ferme dans son intégrité, et tu m'excites à le perdre sans motif. Et Satan répondit à l'Éternel : Peau pour peau ! Tout ce que possède un homme, il le donne pour sa vie. Mais étends ta main, touche à ses os et à sa chair, et je suis sûr qu'il te maudit en face. L'Éternel dit à Satan : Voici, je te le livre : seulement, épargne sa vie. Et Satan se retira de devant la face de l'Éternel. Puis il frappa Job d'un ulcère malin, depuis la plante du pied jusqu'au sommet de la tête. Et Job prit un tesson pour se gratter et s'assit sur la cendre. Sa femme lui dit : Tu demeures ferme dans ton intégrité ! Maudis Dieu, et meurs. Mais Job lui répondit : Tu parles comme une femme insensée. Quoi ! Nous recevons de Dieu le bien, et nous ne recevrions pas aussi le mal ! En tout cela Job ne pécha point par ses lèvres.

Voilà un long passage que nous allons utiliser pour parler de la femme de Job. Evidemment c'est un contre-exemple, autrement dit un symbole de ce qu'il ne faut pas faire. Nous en parlons aujourd'hui parce que dans le cadre de notre marche avec Dieu, la vie nous réserve parfois, souvent même des surprises.
Parfois elles sont bonnes, parfois elles ne le sont pas. Quand on prend un tournant, au détour du virage on se retrouve parfois devant des difficultés que l'on ne pouvait pas prévoir. On se retrouve dans des situations inédites. Si on avait construit sa foi en Dieu, et les paramètres de sa relation avec Dieu sur les circonstances que l'on avait connu jusqu'alors on est en danger de perdre pied.
Voilà pourquoi disons-le d'emblée, Dieu Lui-même nous encourage à vivre de toutes paroles qui sort de la bouche de Dieu et pas seulement selon les circonstances. La Parole de Dieu contient des principes intemporels et invariables, mais applicables à toutes situations, alors que les évènements autour de nous changent.
Nous parlons d'un couple et nous nous concentrons sur les réactions de la femme. Tous deux doivent faire face à un chagrin immense, après avoir tout perdu; enfants, biens, et même la santé pour Job. Curieusement, le corps de la femme de Job n'est pas affecté, mais à n'en pas douter émotionnellement elle est sous le choc. Pour une femme perdre tous ces enfants d'un seul coup, cela doit porter un sérieux coup à l'équilibre émotionnel. C'est un évènement que l'on ne pouvait pas prévoir, qui arrive d'un coup, et qui doit faire très mal.
La voilà démunie, tous les biens du foyer disparaissent d'un seul coup, soudainement, sans que personne ne puisse rien faire; en ce temps-là il n'y avait pas d'assurance; La voilà donc anéantie. Bien vite, elle doit être tiraillé par le doute et un questionnement de plus en plus étouffant paralyse son cœur et la jette dans le désarroi : Pourquoi Dieu a-t-il permis cela ?

Autant vous dire dès maintenant qu'une connaissance partielle, parcellaire, incomplète ou erronée de Dieu nous jettera nous aussi dans ce même genre de désarroi quand la vie devient difficile. Personne n'est immunisée contre la douleur, et nous n'avons aucun moyen d'échapper aux larmes, au chagrin, à la perplexité quand la vie nous déçoit à ce point. Même la foi chancelle quand les circonstances nous jettent dans la dépression!

La femme de Job est un exemple de croyants qui s'appuient sur le confort pour nourrir une foi qui a l'air forte tant que tout va bien, mais qui ne résiste pas aux attaques répétées et intenses de l'ennemi. Elle s'était représenté un Dieu qui pourvoit, bénit, augmente et enrichit les biens et le confort, dès lors qu'on lui est fidèle. Elle ne savait pas que le Seigneur peut avoir d'autres objectifs, d'autres enjeux, d'autres projets. Non pas qu'Il puisse devenir méchant et trompeur, mais qu'Il sait doser et équilibrer nos vies, afin de nous mener à la réalité d'une vie vraie, d'une foi authentique basée sur la vérité, pas sur le confort.

Sa connaissance de Dieu était parcellaire, il y avait des failles que l'adversité a mises en lumière. Il y avait dans sa relation avec Dieu des failles que l'ennemi a pu utiliser. C'est donc par elle, qui partage l'intimité de Job, que satan va essayer d'atteindre son but: décourager Job au point qu'il renie et abandonne Dieu. Cela fait frémir de penser que l'ennemi peut faire de votre mari ou de votre femme son meilleur allié pour vous détourner de Dieu. Cela fait frémir, mais c'est l'histoire de l'humanité. Il y a donc urgence à mieux connaître Dieu, à mieux connaître son époux; épouse afin de ne pas tomber dans les pièges grossier de l'adversaire;

Dans la logique de la femme de Job, servir Dieu avec droiture ne servait à rien. Elle s'est dit que si c'est pour aboutir à ce chaos ce n'était pas la peine. Heureusement Job avait une autre perspective: dans son cœur il a senti palpiter une autre loi : Dieu est souverain; si je me soumets à Lui quand tout va bien, pourquoi ne pas continuer quand les choses changent? Job avait réellement été touché, impacté par son Dieu. Il le considérait comme son Maître, il avait une vraie révérence pour Dieu. Il était donc prêt à le suivre en toutes circonstances, ce qui est la caractéristique de tous les vrais disciples. Ceux qui ne suivent Dieu que pour ce qui sort de sa main, ne sont pas de vrais disciples, mais des mendiants.

Quand on a une relation cœur à cœur avec Dieu, en Jésus, on ne regarde pas seulement ses mains, mais on se tient à sa disposition quoiqu'il arrive pour accomplir sa volonté; cela ne nous immunise pas contre la douleur et le chagrin. Quand la tristesse remplit notre cœur, on le ressent et comme tout le monde, on pleure, mais ces sentiments charnels ne prennent pas le dessus parce que l'on est déterminé à soumettre sa vie à Dieu. Cela pose la question de la motivation, de la qualité de notre foi: la vie se charge de nous révéler les vraies dimensions de notre foi.

On ne panique pas au point de dérégler notre fonctionnement émotionnel quand vient l'adversité, quand le dénuement nous est imposé par surprise. Oui nous savons que le Seigneur veut pourvoir à nos besoins: mais Il n'a aucune obligation à notre égard et Il agit comme Il veut, quand Il veut. Si nous ressentons de l'insécurité, si l'hostilité grandit autour de nous, si les confrontations se multiplient, c'est souvent que Dieu nous invite à fixer les regards sur Lui, à ne pas accorder autant d'importance aux choses matérielles, en tout cas à Lui permettre de procéder en nous à d'autres réglages et ajustements, et à mieux nous positionner:

Quand nous permettons à satan de nous désarçonner, surtout dans le couple, il utilise ce maillon faible pour tout détruire. Nous avons donc chacun la responsabilité de tenir ferme sur Dieu, de veiller à grandir, mûrir spirituellement car l'ennemi sait où nous en sommes et ce qu'il pourra utiliser pour détruire le foyer.

Nous devons donc chercher à soumettre notre vie à Dieu, simplement la lui remettre, en sachant que le Seigneur est souverain et en désirant, que sa volonté soit faite, en tout temps. C'est un engagement, une alliance que l'Esprit va intensifier dans nos cœurs, en développant plus d'amour; plus de passion pour Dieu de sorte qu'en tout temps nous demeurions fidèle et fort dans la foi.

C'est donc sur Dieu que nous devons fixer les regards, et nous remplir de sa Parole, pour vivre dans une connaissance de notre Seigneur qui nous permet de surmonter les difficultés et d'accomplir sa volonté.

LA VERITE : de la conversion à la régénération…

Romains 10:17 Ainsi la foi vient de ce qu'on entend, et ce qu'on entend vient de la parole de Christ....
Jean 8:31 Et il dit aux Juifs qui avaient cru en lui : Si vous demeurez dans ma parole, vous êtes vraiment mes disciples ; vous connaîtrez la vérité, et la vérité vous affranchira.

J'ai entendu récemment le Révérend Wafo dire que notre réussite ne vient pas seulement de ce que nos pensées sont positives mais surtout qu'elles sont saturées du VRAI et il se trouve que la vérité est positive et puissante pour nous affranchir de toute limite et de tout fardeau. Cette réflexion m'a marquée car trop souvent nous avons écouté des sermons qui tenaient plus du coaching que de la prédication de la Parole de Dieu.

Certes, la grande majorité des exhortations s'appuient sur la Parole pour nous édifier. Si les motivations sont toujours bonnes, parfois l'exagération est aussi présente que le message biblique et l'ensemble est déséquilibré. Ce qui est étonnant c'est qu'on aboutit ainsi à une excitation émotionnelle, qui temporairement semble bénéfique. Cependant, dès que les défis se présentent à nouveau, le bénéfice s'avère bien insuffisant.

En fait, une des caractéristique de la vérité c'est qu'elle est pertinente, juste, quelles que soient les circonstances et les personnes impliquées. Elle ne varie donc pas selon notre état émotionnel; elle nous permet au contraire, de surmonter nos changements d'humeur, nos ressentis, nos émois, pour réguler notre vie en fonction de principes fondamentaux et intemporels. La vérité nous hisse dans un ordre spirituel constant, stable, vrai, juste, qui transcende nos émotions, nos opinions et celles des autres.

Quand Dieu nous expose à la vérité, Il entreprend de nous instruire, de nous transformer, pour que nous nous situions désormais dans un ordre, dans une dimension qui dépasse nos gestions humaines, tout en nous formant pour nous rendre capable de faire de meilleurs choix. Ainsi, nous apprenons à vivre en prenant comme repères, non pas ce que nous pensons ou ressentons, mais ce que Dieu dit. Luc 4.4. Cette vérité, la volonté de Dieu, nous permet d'atteindre une stabilité qu'aucun discours motivant ne peut nous procurer.

La puissance de la Parole de Dieu agit en nous Heb 4:12 pour exposer et exploser avec notre concours toutes les limites, tous les fonctionnements aléatoires et inefficaces, tous les penchants nocifs de notre homme intérieur (« *elle juge les sentiments et les pensées du cœur* »). Parmi les éléments les plus importants, voire même les plus toxiques de notre personnalité, il y a les émotions. Elles sont hautement influençables, et toute l'œuvre de l'ennemi en nous consiste à essayer de les pervertir le plus possible. Elles sont inconstantes, inconsistantes; elles fonctionnent par-delà la raison, et les choix conscients; elles nous imposent des schémas de pensées; elles peuvent même aller jusqu'à nous tourmenter, nous tyranniser.

Les émotions créent en nous un monde à part; elles filtrent la réalité; elles prétendent nous dicter nos choix, nos positionnement, nos humeurs, nos réactions. Elles sont à l'origine de décisions irréfléchies, spontanées, et spontanément stupides. Elles sont à la racine de nombreuses addictions. Certaines personnes ont des comportements imprévisibles, causés par des émotions qui fonctionnent de façon anarchique. Ces émois peuvent devenir le centre névralgique de nos personnalité et nous entraîner dans de graves dangers. Elles nous imposent des appétits dangereux qui provoquent notre perte.

Elles nous retiennent captifs et inefficaces, au point qu'une grande majorité d'humains est retenue dans une vie où ils sont victimes d'eux-mêmes. Ceux-là sont les auditeurs attentifs des discours des "motivateurs": ils ressentent un besoin d'être regonflés, équipés de quelque chose de fort pour les aider à repousser les assauts des émois qui endommagent leur existence. Disons le tout net : ça ne marche pas. Les bienfaits sont très relatifs et passagers, pas du tout à la hauteur des dommages causés par le règne des émotions et ressentis.

Attention ! Les émotions peuvent échafauder des théories et les imposer au cœur de l'homme comme des réalités..elles peuvent être pilotées, manipulées, perverties par d'autres humains, par des concours de circonstances, par des positionnements antérieurs, des espoirs frustrées, des prétentions excessives déçues, des raisonnements erronés. Elles peuvent se transformer en armes diaboliques pour voler, tuer, détruire avec le concours de l'ennemi qui les nourrit, les stimule, les pilote pour notre perte. Vivre en écoutant, en consultant, en obéissant au baromètre de ces ressentis, ce n'est pas vivre, c'est mourir à petit feu: je ne souhaite cela à personne!

Le comble de la faiblesse c'est de se croire fort, parce qu'on s'appuie sur un baromètre intérieur, sur des ressentis érigés au rang d'intuition en se disant : "hum, ça je ne le sens pas" ou "non je n'en ai pas envie" . C'est le propre de la jeunesse, de l'immaturité que de vivre en s'appuyant sur des ressentis, sur des sentiments aléatoires et de faire des choix importants sur une base aussi fragile et peu fiable. Il faudra vite aspirer à une vie plus conquérante basée sur la vérité pour s'affranchir du joug des émotions...

C'est la vérité qui affranchit ! Celle qui, lorsqu'on lui permet de pénétrer son cœur, en la fréquentant assidument, en s'y soumettant radicalement, sans compromis, sans garder un statut de victime éternel, finit par prendre le dessus et par régner. Quand la vérité règne en nous, c'est la lumière qui règne. La lumière, en rentrant, chasse les ténèbres, à coup sûr. Quand la vérité règne en nous, c'est la vie qui règne: la vie zoé, la vie selon Dieu; la vie débarrassée des parasites qui se greffent si facilement sur les émotions: tout ce qui est négatif, qui pousse à l'abandon de soi aux pulsions et désirs les plus animaux, les plus charnels;

L'apôtre Paul l'a expliqué dans l'épître aux Galates: ce que produit la chair, notre personnalité humaine, quand on lui laisse libre cours est foncièrement mauvais et négatif: Galates 5:19-21
C'est paralysant, étouffant, destructeur pour soi-même et pour les autres. C'est avilissant, réducteur par rapport à la destinée d'un humain.
Mais quand la vérité règne, dans le cœur d'un homme qui la fréquente assidument et s'y attache, et s'y soumet, et s'y réfère à tout moment, quelles que soient les circonstances, et œuvre à la promouvoir, et résiste aux penchants, désirs, besoins, dictats de ses émois, quand la vérité règne ainsi, elle affranchit. De quoi affranchit-elle? des penchants, besoins, désirs, dictats, ambitions, prétentions, espoirs et idéaux créés par les émotions au plus profond du cœur de l'homme. C'est pourquoi Jacques précise dans son épître que nous sommes oppressés, tentés par nos propres penchants: *"Mais chacun est tenté quand il est attiré et amorcé par sa propre convoitise." (Jacques 1:14)*

Tout ce que je viens de dire à propos des émotions ne signifient pas qu'elles sont inutiles et carrément dangereuses. En fait, par l'Esprit Dieu veut les renouveler, les sanctifier, afin qu'elles servent désormais à nous permettre de rester sensible à sa présence, sensibles aux besoins des autres, capables de se connecter et de se soumettre à la volonté du Seigneur.

Ce qui distingue la prédication de la vérité des exhortations destinées à rebooster les auditeurs c'est que la vérité pénètre en nos cœurs par une onction qui brise les liens, par la puissance de la

Parole qui établit la volonté de Dieu dans les cœurs qui la reçoivent. Elle donne ainsi au croyant le statut d'enfant de Dieu (Jean 1:12). La vérité non seulement déracine les causes profondes des disfonctionnements émotionnels et nous en libère, mais en plus elle produit en nous une plateforme de VRAI et de POSITIF. C'est positif en ce que c'est la volonté de Dieu. C'est hautement bénéfique parce que cela aligne notre cœur, notre homme intérieur sur la volonté de Dieu.

Cette vérité, s'enracine en nous, établit la volonté de Dieu, à la place de notre propre volonté pervertie par le fonctionnement animal de la chair, et produit une telle substance que nos cœurs en sont radicalement transformés. La vérité produit en nous un autre équilibre, un autre courant alternatif, une autre alchimie constituée de substrats qui luttent contre les effets pervers des émotions charnelles, les ressentis manipulés ou provoqués par les circonstances et nos désordres émotionnels profonds, de manière à nous garder stables, forts contre les pressions et tentations. Aucun "motivateur" ne peut atteindre cet objectif. Dieu seul, avec la vérité de sa Parole peut ainsi nous mener à bon port. C'est pourquoi Il a annoncé par le prophète Jérémie 29:11
"Car je connais les projets que j'ai formés sur vous, dit l'Éternel, projets de paix et non de malheur, afin de vous donner un avenir et de l'espérance. "
Amen !

LA VERITE

Romains 10 :17 Ainsi la foi vient de ce qu'on entend, et ce qu'on entend vient de la parole de Christ.

Quand on parvient à un certain stade de son existence, on commence à se retourner pour essayer de comprendre ce qui s'est passé. Très vite, le bilan laisse un goût amer et on cherche à comprendre pourquoi. On est rarement très satisfait de son parcours et de ses performances, et souvent, on cherche des réponses.

Si cette démarche nous trouve au milieu du gué, on peut encore prendre le temps de se reprendre, de changer de direction, sous le contrôle de l'Esprit Saint qui nous guide. Soudain, on se demande comment on a pu se tromper à ce point, sans en être conscient. On réalise vite, que de fil en aiguille, on s'est laissé emporter par le courant du quotidien, par quelques mauvais choix et on s'est laissé enfermer dans une bulle sombre qui nous a masqué la réalité.

La foi vient de ce qu'on entend, mais ce qu'on entend de la Parole de Christ. Cette Parole, c'est la Vérité, dans laquelle l'Esprit de Dieu veut nous conduire. Souvent, nous ne prenons pas le temps de nous laisser conduire et nous ignorons les signaux clignotants que Dieu place, pourtant, sur notre chemin.

D'autres fois, le manque de courage, de force de caractère, nous empêche de garder une posture, une ligne de conduite qui nous permettent de rester dans la bonne direction. Un petit compromis en amène un autre, puis une accumulation de compromis nous rend vulnérables. Certains d'entre nous deviennent ainsi étanches à la Vérité, tant la paresse et une grande faiblesse mentale nous empêchent de faire les bons choix.

Ce drame, Dieu le connaît bien. Dès les débuts de l'humanité, Il a vu Eve à l'œuvre et a entendu comment elle et son mari ont cédé à l'invitation de l'ennemi, par convoitise générée par une faiblesse charnelle à résister pour promouvoir et privilégier la Vérité. Cette Vérité est puissante. Elle est prévue pour avoir toute la puissance nécessaire pour nous faire tenir contre les mensonges du diable. Mais nous devons lui donner la place proéminente, la première place, toute l'autorité, la seule autorité qui s'impose à nos vies.

Faute de considérer ainsi la Vérité, toute Parole qui vient de Dieu, nous restons sans force devant la pression de l'ennemi, et de la chair. Faute de donner à la Vérité toute sa place, sans compromis, nous nous rendons vulnérables et nous avançons vers de grandes défaites, dont les conséquences sont souvent grandes pour nous et notre entourage. La Vérité tient debout toute seule, mais elle ne se force pas dans nos vies, nous devons lui donner sa Place.

Parce que la Vérité est une personne, Jésus Christ, Lui-même (Jean 14:6), elle agit en nous continuellement, dès lors que nous gardons les yeux sur elle. Elle nous protège de l'erreur, de nos folies, de la pression des tentations, elle construit en nous une force mentale indispensable. Quand nous la négligeons, elle demeure à la place que nous lui assignons, sauf la grâce de Dieu. La Vérité doit remplir nos vies, saturer nos cœurs, car sans elle, point de salut.

Le seul rempart contre l'erreur, dans tous les domaines de notre vie, c'est la connaissance sans cesse renouvelée, enrichie de la Vérité. Sans fréquentation intime, permanente de la Vérité, on fait fausse route. Attention, les mensonges, les faux-semblants autour de nous sont nombreux et subtils. Le monde regorge de simili, de copies, de reproductions tous plus attrayants les uns que les autres. Tous ces éléments peuvent s'articuler entre eux pour peindre un tableau de réalité qui ne correspond pas à ce que nous devrions voir.. On peut ainsi se retrouver dans un nuage sombre, un tissu de mensonges et de confusions, et vivre bien en-deçà du plan de Dieu pour nos vies...

Pour lutter contre ces éléments mensongers qui cherchent à nous piéger, à nous détourner de la bonne direction, Dieu a prévu d'agir en nous, au long cours, par son Esprit. Dans sa grande miséricorde, sachant de quoi nous sommes faits, Il a prévu un accompagnement individualisé, intime et sans faille, tout au long de la vie. Mieux Il a prévu d'agir au cœur du problème. Il sait que même quand l'esprit de l'homme est volontaire, sa chair est faible.

Phil 2:13 car c'est Dieu qui produit en vous le vouloir et le faire, selon son bon plaisir.

C'est pourquoi Il a prévu de produire en nous la capacité de vouloir. En agissant ainsi au niveau de notre volonté, Il peut diriger nos cœurs et nos pensées, en nous communiquant la force de résister aux pressions, de nous opposer à tout ce qui nous attire loin de la vérité. Il construit et soutient en nous le désir, l'aspiration, la volonté, la détermination, la passion. Quel que soit le niveau de notre maturité spirituelle, Dieu agit en nous pour susciter, fortifier, faire évoluer, inspirer, éduquer notre volonté, et ce sans affecter notre liberté.

Ah ! N'est-ce pas merveilleux de réaliser que Dieu ne nous demande pas de faire quoi que ce soit sans pourvoir à nos besoins, et nous rendre capables de l'accomplir ! Voilà la force de la vérité : elle nous équipe et nous communique la force mentale d'y rester attaché.

Non seulement Dieu travaille en nous la capacité de vouloir mais Il continue à intervenir, à agir en nous progressivement, à nous éduquer, créer en nous et autour de nous les conditions de notre passage à l'acte. Il nous donne la force de désirer, de vouloir, et aussi celle de faire, d'agir, de poser les actes nécessaires. Il crée l'envie et la capacité à l'action. Nous pouvons donc rester confiants: Dieu nous mène à bon port.

Nous serons capables de privilégier la vérité, de la placer au-dessus de tout, de lui donner une autorité absolue sur nos vies, car progressivement le Père nous conduit à désirer qu'il en soit ainsi. Progressivement, il fait grandir cet objectif en nos cœurs. Au moment prévu, Il nous conduit à nous retourner, à faire des bilans d'étape pour réaliser à quel point nous avons besoin de Lui.

Progressivement, nous désirons sa Paix, sa Beauté, et son Ordre, à tel point que plus rien d'autre ne compte et cette détermination, nourrie par le Seigneur, construit et fortifie en nous la capacité de faire, selon le bon plaisir de l'Eternel. Nos propres désirs s'effacent, nos émotions cèdent le pas, notre raison est éduquée, illuminée, subjuguée par la Vérité. L'amour de Dieu sature et fortifie notre être intérieur et nous positionne pour que désormais la Vérité règne en nous.

GRACE : de la libération à la vie dans la présence de Dieu...

Luc:7:36-50 :
Un pharisien pria Jésus de manger avec lui. Jésus entra dans la maison du pharisien, et se mit à table.
Et voici, une femme pécheresse qui se trouvait dans la ville, ayant su qu'il était à table dans la maison du pharisien, apporta un vase d'albâtre plein de parfum,
et se tint derrière, aux pieds de Jésus. Elle pleurait ; et bientôt elle lui mouilla les pieds de ses larmes, puis les essuya avec ses cheveux, les baisa, et les oignit de parfum.
Le pharisien qui l'avait invité, voyant cela, dit en lui-même : Si cet homme était prophète, il connaîtrait qui et de quelle espèce est la femme qui le touche, il connaîtrait que c'est une pécheresse.

Nous notons d'emblée que le nom de cette femme n'est pas cité. Cela pourrait donc être n'importe laquelle d'entre nous: cette femme a vécu une vie, elle a eu un passé qui l'a amené à faire des choix, pas tous bons, vraisemblablement.

Elle s'est enfermée dans une logique, et de circonstances en circonstances, a vécu une vie publiquement peu honorable, pour son temps. Elle n'avait pas le respect de ceux qui la connaissait et le terme de pécheresse par lequel elle est désignée laisse à penser que ce qui la caractérise c'est une vie dissolue, un métier déshonorant. On ne sait rien d'autres de son caractère, de sa vie et c'est suffisant pour en faire l'emblème de toutes celles qui ont ou qui vont bénéficier de la grâce de Dieu.

C'est en cela que nous nous arrêtons sur son histoire, non pour la juger mais pour contempler l'ampleur et la profondeur de la grâce de Dieu afin que toutes nous soyons encouragées à nous tourner vers Jésus Christ. Cette femme vient elle-même à la rencontre de Jésus, il faut le souligner. Personne ne l'a amenée, elle rentre avec audace, dans une maison d'un serviteur aussi zélé dans l'application de la loi que pouvait l'être un pharisien. Elle sait qu'elle n'est ni invitée ni bienvenue. Elle sait ce qu'on dira, ce qu'elle risque.

Mais cette femme est venue remplie, saturée d'une mission, d'une détermination: se jeter aux pieds de Jésus. Rien ne l'arrête d'ailleurs, elle rentre, trouve Jésus, se positionne à ses pieds, sans rien demander.. Cette femme que l'on dit pécheresse est venue se prosterner devant le Seigneur parce qu'Il lui a fait grâce. Elle est venue faire de Jésus son Sauveur personnel, démontrer cette relation personnelle qui a été établie entre elle et lui. Elle vient s'offrir en sacrifice vivant, et elle apporte son plus grand trésor.

Elle s'offre sans retenue, publiquement. Autant elle avait péché publiquement, autant, elle vient se prosterner dans une repentance profonde, sincère et publique, et ses gestes ne supportent aucune équivoque. Son attitude si directe, si claire, ne laisse personne indifférent et si le Maître n'a pas un geste à son égard, en apparence, au début, bien vite, les choses changent.

Cette femme, comme la Samaritaine au puits, va permettre au Seigneur d'enseigner, de donner une des plus belles leçons de grâce du NT. Lisant dans les pensées de son hôte, Jésus en effet, prend appui sur l'attitude de cette femme pour illustrer devant les pharisiens, complètement ignorants de la miséricorde de Dieu, ce qu'est la grâce et comment elle se manifeste dans la vie de ceux qui s'approchent du Père en Lui.

Le Maître démontre par l'exemple comment cette femme est venue parce que la conviction de péché et de pardon a été manifestée dans son cœur. Elle se sait pécheresse, mais elle sait aussi ce que Jésus est venue manifester: la grâce et la vérité. Elle sait que son péché est ôté en Jésus Christ. Elle sait que la grâce lui donne un accès à la présence de Dieu que le péché interdisait. Acceptant la rémission de son péché, par la foi, elle est venue se prosterner aux pieds du Seigneur pour témoigner et pour le remercier.

Cette femme n'est pas venue dans la condamnation; elle a osé s'approcher de Jésus parce qu'elle a été convaincue, par la foi que son péché était ôté, pardonné. Cette foi lui a donné l'audace de s'avancer aux pieds du Seigneur; cette rémission des péchés lui a donné un accès à Jésus qu'elle a saisi et utilisé pour venir l'adorer avec une offrande de bonne odeur devant sa divinité.

Elle témoigne ainsi que Jésus est Seigneur: si les pharisiens en doutaient, elle manifeste par son comportement qu'elle reconnaît que Jésus est Dieu, et qu'Il mérite d'être adoré. En apportant, un parfum de bonne odeur, elle respecte les rites du tabernacle, elle répand une offrande de paix; puisqu'en s'approchant de Dieu en Jésus, elle a été réconciliée avec Lui, elle a la paix avec Dieu. Elle témoigne aussi de l'accès direct qu'elle a pour arriver dans la présence de Dieu: elle est rentrée avec audace, sans être arrêtée; malgré son ancien statut de femme pécheresse: voici les choses anciennes sont passées, toutes choses sont devenues nouvelles: elle est une nouvelle créature en Jésus Christ, elle a toutes les audaces pour louer son Dieu.

Quel exemple de foi, de reconnaissance ! Quel exemple de l'audace que donnent la foi, la justification, la paix avec Dieu ! L'hôte de Jésus se croyait fin et malin, pensant que Jésus ne savait pas qui lui essuyait les pieds: quelle erreur ! Il ne pouvait pas comprendre ce qui se passait entre Jésus et cette femme ! C'est toute la splendeur du salut: une relation cœur à cœur, intime, profonde, qui provoque un changement radical.

Tout comme ce pharisien; certaines personnes doutent encore des effets du salut sur nous les croyants; elles nous observent sans cesse pour se réjouir de nos erreurs et de problèmes, pour se rassurer et continuer à penser que leur religion vaut mieux que notre décision de vivre en Jésus-Christ. Pourtant j'ai de bonnes et de mauvaises nouvelles: la Bonne nouvelle c'est que le salut est indispensable, non pas seulement pour vivre heureux sur terre mais surtout pour vivre heureux après la vie sur terre.. la mauvaise nouvelle, c'est que sans Dieu, dès maintenant, la vie peut prendre un virage scabreux, et très difficile: sans Dieu, on peut faire naufrage et tout perdre: corps et âme. Avec Dieu, ces mêmes virages, on les prend en gardant son âme et son éternité en sa présence.

Cette femme avait sans doute profité des gains d'une vie sans Dieu, sans égard à ses principes, mais elle a été amenée à une conviction qui a changé son cœur. Jésus explique que se sachant très condamnable, elle a apprécié d'autant plus le pardon qu'elle a reçu, la paix qu'elle a reçue, la grâce qui s'est manifestée dans sa vie et a fait toute la différence. Pour cela, contrairement aux pharisiens, elle a été amenée à prendre conscience, non pas seulement de son péché mais de sa nature pécheresse. Quand elle a reçu cette conviction, qu'elle s'est soumise à la vérité et a cherché le pardon; par la foi elle s'est approchée de Jésus. Sa foi est venue du message de Jésus, de la Parole faite chair.

Elle s'est laissée dominer par cette foi, a reçu le pardon et la manifestation de la grâce de Dieu au point que son cœur a été bouleversé par tant de miséricorde. C'est une leçon de grâce que Dieu donne aux pharisiens par cette femme, en s'appuyant sur son audace, sur ses capacités à tout laisser derrière elle, à tout donner pour se prosterner aux pieds de Jésus.

Pour conclure, il faudrait dire aussi et surtout que Jésus montre ainsi aux pharisiens qui se croyaient disciples, ce qu'est un vrai disciple: un croyant dont le péché est pardonné, ôté par la grâce de Dieu, au moyen de la foi: foi qui lui donne accès à la paix avec Dieu, la justification, une relation personnelle en Jésus Christ et qui fait de lui un adorateur en Esprit et en vérité...

GRACE : JEHOVAH JIREH

Genèse 22:8-14 Abraham donna à ce lieu le nom de Jéhova Jiré. C'est pourquoi l'on dit aujourd'hui: à la montagne de l'Eternel il sera pourvu.

En revisitant ce moment de la vie d'Abraham, je reprends avec délices, les enseignements fondamentaux de ma foi. Je redécouvre la portée de la grâce de Dieu, s'exprimant dès l'Ancien Testament, au travers d'un épisode de vie aussi merveilleux que surprenant.
-Surprenante la demande de Dieu à son serviteur, après qu'il ait patienté si longtemps pour obtenir la promesse
-Surprenante aussi la profondeur, l'efficacité de la conviction qui étreint le cœur d'Abraham, qui ne semble à aucun moment déstabilisé par cette demande;
-surprenante aussi la réaction de son fils, qui à l'image de Christ se laisse lier sur le bûcher, après avoir porté lui-même le bois de l'holocauste..
-Surprenante enfin, cette obéissance inconditionnelle des deux personnages sur la montagne, où Dieu a finalement pourvu lui-même au sacrifice, montrant ainsi comment Il procèderait, le moment venu au rachat de l'homme perdu.

D'un point de vue strictement humain, quand on se souvient qu'Abraham marchait seul avec Dieu, dans sa génération, sans autre appui que les interventions du Seigneur et ses instructions, on réalise à quel point les Ecritures disent vrai quand elles stipulent Romains 10:17 :" la foi vient de ce qu'on entend, et ce qu'on entend de la Parole de Christ". Abraham a entendu et il a cru. Il a agi à partir de ce qu'il a entendu, car la parole a été reçue avec foi, et quelle foi! Abraham a entendu et a été convaincu ! Que sa Parole ait ce même effet sur nous aujourd'hui, provoquant ainsi une obéissance de la même envergure que celle du patriarche, afin que la volonté de Dieu soit faite, sur la terre comme au ciel.

On ne peut pas s'empêcher de remarquer, comme l'ont fait d'illustres commentateurs des Ecritures avant nous, à quel point, l'obéissance et la soumission d'Isaac ne furent pas moindres. A l'image de notre Sauveur, Jésus Christ, il ne semble opposer aucune résistance au projet de son père. Même si dans un premier temps il s'interroge sur l'animal qui sera sacrifié, le moment venu, Isaac se retrouve sur l'autel. Quelle symbiose entre le père et le fils, qui préfigure bien-sûr du projet de salut pour l'humanité que Dieu a mis en œuvre au Calvaire, quand les temps sont venus.

Cet épisode a raisonné plus particulièrement dans mon cœur, ce matin, parce que le verset 8 est venu me rappeler une vérité fondamentale. Cette vérité confirmée par le verset 14 m'a rappelé à quel point Dieu ne laisse rien au hasard. A sa montagne, il sera pourvu: - Quand les hommes s'étaient révélés impuissants et décevants, Dieu s'est pourvu Lui-même d'un moyen de les sauver et de les ramener vers Lui. "Tous sont pêcheurs et tous privés de la gloire de Dieu. Pas un n'est juste, non pas un seul " , mais ce constat n'a pas tenu notre Dieu en échec. Il a pourvu !

Pourtant, les yeux d'Abraham n'ont aperçu l'agneau du sacrifice que lorsqu'il était déjà sur la montagne, prêt à se soumettre. Une conviction profonde a poussé le patriarche a emprunté le chemin de la soumission vers le salut que Dieu avait préparé. Il ne savait pas comment Dieu allait s'y prendre, mais il sentait que le Seigneur allait faire quelque chose d'extraordinaire.. Il était convaincu... Ce salut est affaire de conviction. L'agneau ne s'impose pas. Dieu a pourvu par lui-même, pour notre salut: il a vu nos besoins, il a pourvu... Jéhovah Jireh nous a donné ce dont nous avions le plus besoin: le chemin, la vérité et la vie pour vivre désormais en sa présence, car "sans Lui nous ne pouvons rien faire". Mais ce salut ne s'obtient que par la foi, par une conviction profonde que Dieu est " Je suis celui " dont nous avons besoin.

Cette foi doit nous pousser à nous lever, à nous mettre en marche vers la vérité, à gravir pas à pas, la montagne de la révélation, pour que nos yeux s'ouvrent sur l'ampleur de la grâce de Dieu. Sur cette montagne-là Dieu a pourvu. Tout ce dont nous avons besoin, pour changer, pour entrer dans une autre dimension est là: Dieu a pourvu. Que celui qui doute, soit rassuré: marcher avec Dieu requiert des vertus pour lesquels Dieu a pourvu. Tout ne dépend pas de nous : sa grâce suffira. Son Esprit en nous agira. Le Seigneur a pourvu à notre besoin de vérité, de miséricorde, d'amour, de justice, de paix, de joie, d'abondance de toutes sortes de grâces, et ces fruits, en leur saison apparaîtront, tandis que nous "faisons de l'Eternel nos délices".

Ce dont nous avions le plus besoin, c'est d'un changement de cœur: parce que tous nos desseins émanent de ce centre névralgique, au cœur de notre personnalité, c'est là que Dieu a choisi d'intervenir. Rien d'autre n'aurait été efficace. Tant que je vivrai, je ne cesserai de proclamer et de glorifier Dieu pour ce salut, cette régénération, cette transformation que lui seul peut procurer.. D'autres apportent des paroles, des thèses, des doctrines mais Lui seul peut pénétrer nos cœurs, nous changer vraiment de l'intérieur, aller jusqu'à la racine du mal, nous délivrer de nous-mêmes, de manière durable. Lui seul peut nous redonner notre dignité, notre destinée.. Sa Parole est "puissante et active et vivante et pénétrante".

Oui à la montagne de l'Eternel il sera pourvu. Jéhovah Jireh a pourvu réellement, comme Lui seul peut le faire à tous nos besoins. Lui seul nous satisfait entièrement, absolument. De quelle autre abondance avons-nous besoin qui ne corrompt pas les mœurs mais nous conduit à l'amour, à la paix, à l'altruisme, l'abandon et le don de soi ? L'abondance de biens conduit souvent les hommes à de grands errements et à la ruine de l'âme; mais l'abondance des fruits de l'Esprit en nos cœurs, nous conduit à servir et à vénérer notre Dieu dès maintenant et pour l'éternité.. Et s'il plaît à notre Seigneur d'y ajouter une abondance matérielle, alors nous savons que ce privilège a un but et nous avons les dispositions nécessaires pour le glorifier par l'utilisation de ces biens. Oui à la montagne de l'Eternel, Jéhovah Jireh a pourvu...

LIRE, ECOUTER, MEDITER : Du Logos au Rhéma

Matthieu 15:10
Ayant appelé à lui la foule, il lui dit : Écoutez, et comprenez.

Lire les Ecritures, écouter Dieu.
Certainement la formulation de Romains 10:17 est étonnante: « *Ainsi la foi vient de ce qu'on entend, et ce qu'on entend vient de la parole de Christ* ». Nous ne sommes plus aux temps où la majorité des gens étant illettrés, on progressait dans la connaissance des Ecritures, on écoutant la lecture qui en était faite par une élite qui avait le privilège de savoir lire.

Aujourd'hui, presque tout le monde sait lire, même s'il y a encore beaucoup de progrès à faire dans ce domaine. On lit donc la Parole, plus souvent qu'on ne l'entend. Pourtant, ce verset de Romains, qui s'adresse aux hommes de tous les temps, explique bien que c'est ce qu'on entend qui produit la foi. En fait, écouter, entendre dans la Bible signifie aussi, souvent recevoir, et comprendre. Ce mot signifie accéder à la compréhension, accepter ce que dit le message reçu. Avant de pouvoir croire, il faut ouvrir et disposer son cœur pour recevoir ce qui est dit.

Il y a donc une attitude à adopter et à garder face aux Ecritures, quand on est confronté à ce que Dieu dit. Il faut vouloir écouter pour accéder au sens et à la portée de ce qui est dit. En Matthieu, à plusieurs reprises Jésus répète *: « Que celui qui a des oreilles pour entendre entende »*. (Matthieu 11:15; 13-9; 13:43)

Et c'est le contexte de Romains 10:17. Les Juifs avaient entendu le message de la Nouvelle Alliance, mais ce qui désolait l'apôtre Paul, c'est qu'ils ne l'avaient pas accepté. Ils n'avaient pas voulu ouvrir leur cœur pour accéder au sens profond du message de l'Evangile. Ils ont juste prêté l'oreille pour le comparer à leurs traditions, et comme ils avaient érigé celles-ci en vérité suprême, ils ont rejeté le message de Jésus. Même prêchée par Dieu lui-même, venu habiter parmi eux, la Bonne nouvelle du salut n'a pas été entendue, donc pas crue.

Il aurait donc fallu que la Parole de Dieu ait un autre statut à leurs yeux pour qu'ils aient accès au sens profond et à la portée du message. Il aurait fallu qu'ils acceptent de se débarrasser de leurs certitudes, d'une certaine arrogance et qu'ils se parent d'une certaine innocence, d'une réelle simplicité de cœur pour être capable d'apprendre. Voilà pourquoi Jésus nous a recommandé de redevenir comme des enfants. En général, ils ont soif d'apprendre, sont prêts à recevoir ce qu'on leur explique. Ce n'était pas le cas des enfants d'Israël de l'époque. Ils ont donc entendu sans entendre, et la même chose peut nous arriver aujourd'hui.

Nous devons donc appréhender les Ecritures avec un cœur disposé à échanger nos certitudes contre la vérité de la Parole. C'est une affaire de cœur, une décision à prendre, une fois pour toute. Il s'agit de vouloir se laisser pénétrer par le message contenu dans la Parole, et cela va même plus loin.
Il s'agit, en fait de vouloir rencontrer Dieu, dans sa Parole. Il s'agit de comprendre que le Seigneur nous parle directement dans les Ecritures. Dans le cadre de cette relation personnelle, intime avec Lui, nous voulons entendre sa voix dans nos cœurs et Lui permettre de nous établir dans la sécurité que procure la connaissance de sa volonté.
Il s'agit de vouloir connaître Dieu. Nous ne sommes pas de ceux qui se satisfont de quelques traditions, rites, cérémonies et connaissances éparses à propos de Dieu. Comme Job nous voulons en faire l'expérience; nous voulons pouvoir conclure: «Mon oreille avait entendu parler de toi mais maintenant mon œil t'a vu». Job 42:5

Cette connaissance-là est particulière car la Parole de Dieu, c'est Dieu lui-même (Jean 1:1) et quand on s'ouvre à elle, c'est à Dieu qu'on ouvre et sa présence fait toute la différence. Quand on reçoit la Parole, c'est le Seigneur Lui-même qu'on reçoit. Si on reçoit toute la Parole, on reçoit la plénitude de la présence de Dieu en nous.

Dès lors, ce n'est pas que nous allons faire l'expérience du Seigneur ou le connaître, cela aussi a ses limites. Je peux expérimenter un aspect d'un phénomène sans vraiment comprendre, être pleinement conscient ou réellement, durablement être impacté par ce phénomène. Avec Dieu, il n'en est pas ainsi: en fait, quand nous recevons sa Parole, c'est Lui qui agit pour nous inonder, nous remplir, illuminer notre intelligence et nous envahir de sa paix. Sa capacité de guérison, de restauration de notre âme dépasse de loin ce que nous pouvons appréhender. Ce qui est certain, c'est que son Esprit est réellement à l'œuvre en nous et tant que ce flot divin s'écoule en nos âmes, tout notre être en est transformé. Pour moi, c'est ça connaître Dieu.

La porte de tout ce processus, l'élément déclencheur, c'est une attitude de cœur, que l'on décide d'adopter vis à vis de Dieu et de garder. Quand on comprend qu'on a besoin de Dieu, et qu'on a conclu dans son cœur, qu'on ne peut vivre sans Lui, on ouvre son cœur, une fois pour toute au Seigneur, et on lui permet de nous faire progresser dans la lecture, la méditation, l'étude de sa Parole. Car c'est l'Esprit qui nous conduit, alors et c'est par Lui que nous avons accès à la vérité : Jean 16:13 « *Quand le consolateur sera venu, l'Esprit de vérité, il vous conduira dans toute la vérité ; car il ne parlera pas de lui-même, mais il dira tout ce qu'il aura entendu, et il vous annoncera les choses à venir* ».

Nous ne comprenons donc pas les Ecritures avec notre intelligence charnelle, même si nous utilisons certaines des compétences que nous avons acquises à l'école, pour déchiffrer le message. Dieu a prévu, qu'à travers les temps l'homme se perfectionne, développe, par l'éducation, les capacités qui lui permettront d'évoluer dans une relation intime avec Lui, sans autre intermédiaire que Jésus, notre Sauveur et Seigneur. Alléluia !
Même si l'Eternel a oint des serviteurs pour amener à maturité la foi des croyants, Il a aussi pourvu, et fait en sorte que la grande majorité des biens aimés puissent s'édifier personnellement, en tout temps, en recevant sa Parole directement dans leur cœur.

On oublie, trop souvent, dans nos sociétés modernes, à quel point en cela Dieu nous a bénit et libérés du joug de la religion qui florissait, autrefois, quand les hommes devaient s'en remettre à la lecture de quelques privilégiés. En ce temps-là les rites et les cérémonies fleurissaient aboutissant à une culture religieuse, dans la plus grande ignorance de la Vérité. Mais c'est la connaissance, la jouissance de la vérité qui affranchit.
J'utilise volontiers le terme de jouissance, parce que c'est un usage libre, continue, intense, qui donne accès à la plénitude que Dieu a préparée et qu'Il tient en réserve pour chacun de nous qui écoute et comprend.

Quand nous avons un tel amour pour Dieu que nous avons soif de recevoir les manifestations de sa présence, en nous, comme un flot continu, bouillonnant et salvateur à tous les niveaux, nous nous livrons à sa Parole, entièrement et c'est cette abandon, qui permet au Seigneur de nous faire pénétrer dans une autre dimension. La compréhension des Ecritures, des principes de Dieu, de sa volonté qui s'établit en nous, prend le contrôle de nos vies, nous amène à évoluer sous son regard, conscients de l'œuvre effectuée en nous et de la vie (zoé) qui palpite dans notre être intérieure. Nous réalisons que cela est un privilège: très vite, nous constatons les effets de cette pénétration. Si, au début, nous restons simples spectateurs ébahis et ravis des changements qu'apporte le Seigneur à nos caractères, nous devenons vite ouvriers avec Lui, dans cette affaire, et nous nous livrons d'avantage pour que ce processus de régénération porte tout le fruit que Dieu a prévu. Nous savons, comme dit l'apôtre Paul, nous sommes persuadés que « Celui qui a commencé (en vous) cette bonne œuvre la rendra parfaite pour le jour de Jésus Christ».

LIRE, ECOUTER, APPRENDRE

Ephésiens 4:20-24
Mais vous, ce n'est pas ainsi que vous avez appris Christ, si du moins vous l'avez entendu, et si, conformément à la vérité qui est en Jésus, c'est en lui que vous avez été instruits à vous dépouiller, eu égard à votre vie passée, du vieil homme qui se corrompt par les convoitises trompeuses, à être renouvelés dans l'esprit de votre intelligence et à revêtir l'homme nouveau, créé selon Dieu dans une justice et une sainteté que produit la vérité.

Soulignons d'emblée certains mots dans ce passage:
-entendu
-été instruits
-renouvelés
-intelligence
-homme nouveau
-justice et sainteté
-vérité

La simple énumération de ces mots-clés, bien qu'elle produise déjà une certaine lecture du passage et un premier niveau de compréhension, ne suffit pas, évidemment. Cependant, certains croyants apprennent ainsi les Ecritures, avec des bergers qui paraphrasent la Bible, sans permettre aux fidèles d'accéder à une compréhension plus fine et plus profonde. C'est dommage!

Ces mots doivent s'articuler entre eux, il faudra donc rendre explicites et vivants ces liens qui peuvent ne pas apparaître clairement si l'on s'en tient à une lecture superficielle. Tout d'abord reconnaissons le lien entre les deux premiers termes de la liste: pour être instruits en Jésus Christ, il faut avoir pris soin de l'entendre. Nous reprenons donc notre idée première: pour recevoir des Ecritures, il faut rencontrer Dieu dans sa Parole ; vouloir et prendre le temps de l'écouter pour entendre, recevoir et s'approprier ce qu'Il dit.

Il résulte ainsi d'une exposition volontaire, régulière et approfondie aux Ecritures, dans la présence de Dieu, pour s'attacher à Lui, une véritable instruction, une éducation nouvelle, cette fois à la volonté de Dieu. Le mot éducation évoque à la fois des apprentissages volontaires : des connaissances, des capacités, des compétences, des attitudes et comportements mais aussi une acculturation au Royaume de Dieu: son fonctionnement, son Histoire, ses principes, ses objectifs, son avenir.

Il y a aussi, et c'est sur cela que nous insistons dans ce second volet, une imprégnation de l'être tout entier qui aboutit à une transformation de la nature même de l'être humain, au plus profond de lui. Cette imprégnation, s'assimile à une renaissance, un renouvellement, tant il est intérieur et profond, et tant il va provoquer de changements radicaux. Cela n'est possible que dans le cadre d'une relation personnelle avec Dieu, en Christ et par l'action de son Esprit qui nous dirige dans la vérité.

C'est une affaire primordiale, et personnellement j'en ai fait mon "cheval de bataille", un "leitmotiv" qui revient et transparait dans tout ce que j'écris. J'ai déjà eu l'occasion de le dire, de l'écrire, et je ne crains pas de le répéter: c'est le seul espoir de l'humanité, autrement vouée à une décadence extrême et fatale, à tous les niveaux et malgré les efforts constants des érudits, philosophes et humaniste bien penseurs.. La nature de l'homme est vouée à une loi métaphysique de la décadence qui ne peut être inversée que par l'intervention de Dieu dans son cœur... (Romains chap 1)

Qu'écoutons-nous quand nous lisons les Ecritures?

Sautons, à présent, au dernier mot de la liste que j'ai dressée, en introduction: vérité. Ce terme est une véritable pierre d'achoppement pour les humains. Dès la création, Eve a été confrontée à cette dure réalité: pour avoir voulu en connaître, en dehors des principes et de la volonté de Dieu, elle a ruiné sa destinée. Aujourd'hui, alors que les hommes y ont accès, depuis que Jésus a payé le prix de notre rachat, et qu'ainsi Il nous a donné la possibilité de devenir des êtres spirituels, les hommes ne veulent plus manger de ce fruit.

Maintenant, que ce fruit n'est plus défendu, qu'il s'offre à tous, à la seule condition de le faire en Jésus-Christ, dans une relation de réconciliation et de soumission à Dieu, par Lui, les hommes n'en veulent plus. Leur intelligence désormais, leur donne accès, croient-ils, à une vérité relative, qui évolue au gré de leurs besoins, et cela leur suffit. Nous savons que cette intelligence est obscurcie (Eph 4:18), qu'ils sont aveuglés par le prince de ce monde, mais eux se croient malins.

De fait, sans l'action de l'Esprit dans nos cœurs pour nous enseigner la vérité, nous aider à l'identifier, la nommer, la reconnaître, se l'approprier, s'y accrocher en tout temps, nous serions tout aussi aveuglés. Car nous l'étions autrefois, et nous professions d'être sages... Attachons nous donc à comprendre l'action de la vérité, en nous.
Ephésiens 4: 24 affirme que la vérité produit la justice et la sainteté. Une autre traduction précise : « *et à vous revêtir de l'homme nouveau, créé conformément à la pensée de Dieu, pour mener la vie juste et sainte que produit la vérité* ».*(Semeur)*. Ce que la vérité produit en nous c'est un ensemble d'éléments qui nous amènent, nous rendent capables de vivre une vie juste et sainte.

Cette vie juste et sainte est donc le résultat d'une action en nous, une action profonde et qui dure, de nature à provoquer une transformation radicale.
Contrairement à ce que l'on a entendu souvent, c'est ce qu'on entend, ce qui est intériorisé, approprié qui s'enfonce au plus profond de nos cœurs, qui nous transforme. Il faut donc un accès, une exposition aux Ecritures qui expose les replis de nos cœurs, les recoins de notre âme à la Lumière, à la vie (zoé) de la Parole de Dieu, et ce de manière continue et intense, pour que tout notre être soit irradié par la vérité.

De la même manière que l'on guérit des cancers, par les radiations, ainsi notre âme est irradiée, délivrée, guérie, restaurée, rééquipée, instruite, éduquée donc transformée par la vérité que l'on reçoit de la lecture des Ecritures. Recevez-vous la vérité quand vous lisez les Ecritures? Quand on enseigne un passage, souligne-t-on suffisamment toute la vérité qu'il contient pour que chacun comprenne les enjeux de ce qui est dit ou prescrit afin que nos cœurs soient affectés, imprégnés et que la vérité produise en nous de la justice et de la sainteté?

Si nous nous contentons d'une lecture superficielle, d'une compréhension littérale, figée, permettons-nous à la vérité de s'engager jusqu'aux replis de notre cœur, aux recoins, aux bas-fonds de notre caractère pour produire en nous la justice et la sainteté? Ce mot "Produire" introduit la notion d'action/réaction en nous. Il laisse à comprendre que les Ecritures agissent en nous de telles manières qu'elles provoquent des réactions de nos cœurs, de nos âmes : Par son action, que nous allons détailler, la Parole permet à nos âmes de s'approprier de nouveaux éléments, d'accepter leurs effets, de s'y soumettre et de renaître.

Que se passe-t-il donc quand nous entendons et que nous apprenons Christ?

- la confrontation avec nos opinions, nos certitudes, nos besoins, nos désirs, même les plus secrets : Hébreux 4:12 : *« Car la parole de Dieu est vivante, et efficace, et plus pénétrante qu'aucune épée à deux tranchants, perçant jusqu'à la division de l'âme et de l'esprit, des jointures et des moelles, et jugeant des pensées et des intentions du cœur »*;
Quand elle pénètre, la Parole nous confronte à ce que nous avions déjà à l'intérieur, elle joue le rôle d'un miroir; elle nous renvoie l'image de ce que notre âme contient sur le sujet qui est évoqué dans le passage que nous lisons. Elle nous confronte donc et nous amène à contempler le choix devant lequel nous sommes placés.
-Elle va même plus loin : elle perce. Elle ne reste pas à la surface; elle descend profondément dans les recoins, jusqu'à l'intérieur profond, là où même notre éducation, notre raisonnement, notre conscience ne s'aventurent pas, parce que nous faisons barrage. Et quand la Parole est descendue jusque-là, elle poursuit son action :
-Elle juge. Elle passe au crible, non seulement nos pensées, mais aussi nos désirs, nos motivations profondes.

Nous voilà donc face à nous-mêmes, confrontés à ce que nous sommes en vérité. Nous sommes seuls à pouvoir être mis ainsi devant le miroir de nos cœurs. Si nous avons une lecture des Ecritures qui nous permet de laisser la Parole de Dieu faire tout cela en nous, cela va permettre à la vérité d'avoir un rayonnement total en nous.
-C'est ce rayonnement qui change l'ensemble de ce qui se passe à l'intérieur, ce qui est résumé dans le mot "intelligence".
Nous venons de le voir, il ne s'agit pas seulement de nos pensées, ni de nos connaissances, ou de nos raisonnements. La Parole agit sur tout ce qui se passe à l'intérieur de nos âmes: les désirs, les rêves, les aspirations profondes, les traces et les effets de notre histoire personnelle, des éléments dont nous ne sommes même pas conscients, ce qui fait de nous ce que nous sommes.

Comment la justice et la sainteté sont-elles produites?

La Parole de Dieu fait descendre la vérité:
- aux confins de notre âme,
-aux croisements de ce qui est conscient et de ce qui est inconscient,
-jusqu'au carrefour de ce que nous pouvons maîtriser et ce qui nous échappe,
-jusqu'à ce qui nous a façonnés,
-dans ce qui nous a écorchés, blessés, meurtris,
-jusque dans les raisons, les racines mêmes de nos caractères, de nos personnalités,
-et dans ce que nous avons hérité de nos parents, de notre culture,

-Non seulement la vérité arrache le mensonge, et l'ignominie mais aussi elle plante tout ce qui est nécessaire pour faire naître en nous les éléments qui produisent la justice et la sainteté. La

vérité compense, rajoute tout ce qui nous avait manqué; elle élimine les racines de nos maux, de nos défauts, de nos addictions, de nos penchants et appétits charnels excessifs.
-La vérité crée en nous, au fil de nos méditations, un nouvel équilibre mental, psychologique, émotionnel.

La vérité équilibre nos âmes, c'est ainsi qu'elle restaure nos cœurs: quand la paix de Dieu envahit notre être, ce qui nous tourmentait disparaît, laissant la place à d'autres vertus qui prennent leur place et travaillent de concert en nous: la patience, la douceur, la sérénité, la joie.. Ces éléments créent en nous un bien-être qui nous pousse à privilégier la présence de Dieu, les principes de Dieu et tout ce qui lui plaît. Nous voilà ainsi attachés à la justice, à la sainteté.

Il faut donc lire les Ecritures pour écouter, entendre, recevoir, comprendre le projet de Dieu, sinon on passe à côté de l'essentiel... Comprenons bien que la Parole c'est Dieu Lui-même, Jésus notre Seigneur. Il n'y a pas d'un côté Dieu et de l'autre la Parole. Quand nous nous ouvrons à l'un nous nous ouvrons à l'autre: le règne de Dieu s'établit dans nos cœurs, quand sa Parole règne en nous...

LIRE, ECOUTER, CONNAITRE

Proverbes 1:23
Tournez-vous pour écouter mes réprimandes ! Voici, je répandrai sur vous mon esprit, Je vous ferez connaître mes paroles...

C'est aussi cela la maturité: savoir se retourner pour écouter. Quand on vit sans prendre le temps de s'arrêter; on court le risque de vivre superficiellement. On se laisse emporter par les situations et les circonstances, on gère à court terme, tout ce que la vie nous apporte. Bien vite, en croyant maîtriser les évènements, en ayant l'illusion de se maîtriser, on se laisse berner et on se précipite dans des pièges grossiers.

Parce que même les réussites peuvent être trompeuses, quand on poursuit des rêves, des idéaux, sans s'arrêter pour prendre du recul, on prend le risque de se tromper de chemin. Il faut pouvoir s'arrêter. Pourquoi? Parce que pour être capable de se tourner, il faut avoir perçu un besoin de faire d'autres choix, d'envisager d'autres alternatives.

Il faut aussi être en mesure de recevoir vraiment et complètement ce que les circonstances nous communiquent, souvent. Personnellement, je regrette de ne pas m'être tournée, plus souvent, chaque fois que le Seigneur m'interpellait d'une manière ou d'une autre. Je me souviens de nombreuses rencontres très intimes avec mon Dieu, auxquelles, manifestement, je n'ai pas accordé toute l'importance que j'aurais dû.

Certains éléments de notre marche avec Dieu devraient devenir de véritables quêtes, des cheminements à entreprendre consciemment, des recherches soutenues, volontaires et patientes à la rencontre de notre Dieu et de Sa volonté. Parfois, nous passons trop vite sur une expérience, un passage des Ecritures sur lequel Il désire attirer notre attention. Pourtant, la vraie vie est là.

Parce qu'on ne peut rien faire sans le Saint Esprit qui nous guide dans toute la vérité, c'est trop dommage, quand Il nous prend par la main, quand Il nous montre le chemin, de se laisser distraire ou détourner par des chimères, ou par les activités du quotidien. Quand nous réalisons, à quel point, notre vie sociale nous influence, il convient de se tourner pour écouter les réprimandes du Seigneur. Il faut prêter l'oreille pour entendre, parce que cela doit être un acte de notre volonté, ainsi nous collaborons avec Dieu, pour notre propre salut.

Il faut vouloir écouter pour entendre, de sorte que les éléments que nous recevons seront versés dans nos cœurs efficacement. Ils ne nous échapperont pas car nous leur permettrons d'accomplir en nous l'œuvre pour laquelle Dieu les a envoyés. Dieu parle tantôt d'une manière et tantôt d'une autre; pas toujours par des prophètes qui lancent de grands avertissements. Il nous interpelle aussi dans sa Parole, dans nos moments d'intimité avec Lui, ou encore par des circonstances et des évènements qui devraient nous faire réfléchir..

Se tourner pour écouter et recevoir; se tourner pour changer d'avis, de direction; se tourner pour obéir et suivre ce que Dieu dit et fait. Se tourner c'est aussi se repentir, prendre le temps de comprendre l'écart entre ce qui se passait dans nos vies et la volonté de Dieu. Ce temps de repentance nous amène à tirer des conclusions, à nous positionner devant le Seigneur pour comprendre sa volonté, et recevoir la force, les ressources pour ne pas reproduire les mêmes erreurs.

Dieu promet dans ce passage de l'Ancien Testament qu'en répandant sur nous Son Esprit, Il nous fera connaître sa Parole, donc Sa volonté. Ceci est primordial: c'est une promesse et une certitude sur laquelle nous devons bâtir nos vies. Dieu nous veut sages, avisés, avançant prudemment vers le destin qu'Il a préparé pour nous (Eph 2:10). Il veut nous remplir de sagesse divine, pour que nous devenions tout ce qu'Il veut que nous soyons.

Nous ne pouvons prendre le risque de perdre notre vie, à vouloir tout gagner de cette existence de futilité que nous promet la société. Tournons-nous plutôt pour recevoir les avertissements, les réprimandes, les instructions et enseignements de Dieu. Tournons-nous pour les recevoir réellement, profondément de sorte que l'Esprit Saint puisse enfouir en nos cœurs les principes de la vie selon le Seigneur et ainsi nous communiquer une telle connaissance de notre Dieu que toute notre existence servira à accomplir sa volonté !

Comme je regrette de n'avoir pas toujours vécu dans une telle communion avec mon Seigneur, que Ses avertissements, réprimandes et instructions m'auraient permis de mieux le connaître et mieux le servir. J'aurais été plus attentionnée, plus sensible à sa volonté. Plus important, encore, j'aurais compris plus tôt qu'Il voulait ma vie pour sa gloire: j'aurais compris plus tôt que mon parcours avait été orchestré par ses soins, pour m'amener à accomplir Sa volonté. J'ai compris vraiment, tard, trop tard, qu'il fallait que j'arrête de vouloir et de faire, pour qu'Il construise en moi ce vouloir et ce faire (Phil 2:13).

Mon éducation et mon parcours m'influençaient bien plus que je ne le réalisais: bien que je ne faisais pas toujours de mauvais choix, j'ai compris trop tard, qu'il fallait que je m'arrête et que j'abandonne chaque minute de mon temps au Seigneur. Depuis, plusieurs années, et après plusieurs déconvenues, j'ai appris à laisser Dieu me faire connaître sa volonté. Je comprends maintenant, que connaître, cela signifie une telle intimité qu'il y a fusion entre ces révélations de ce que Dieu veut et notre volonté. Ainsi nous devenons de formidables outils entre ses mains.

Dieu se révèle et nous guide de l'intérieur, par son Esprit, dans une vie qu'Il dirige et contrôle avec notre collaboration passionnée, et qui accomplit Sa volonté. La vraie vie est là, la vie en abondance, la vie Zoé qu'Il a promise. Cette vie a un sens, une portée, une beauté.. C'est une vie structurée par l'ordre divin et sculptée pour refléter sa Majesté...

CHERCHER...

2 Timothée 2: 15 *Efforce-toi de te présenter devant Dieu comme un homme éprouvé, un ouvrier qui n'a point à rougir, qui dispense droitement la parole de la vérité.*

Non seulement, on finit par comprendre les invitations de l'Esprit de Dieu à nous isoler pour prêter l'oreille à ce que le Seigneur veut nous montrer, mais en plus cette invitation figure clairement dans la Parole, à plusieurs reprises. Dieu veut se révéler, il veut le faire de manière collective et individuelle. Il s'attend à ce qu'on Le cherche, Il nous y invite d'ailleurs:
Esaïe 55:6 « *Cherchez l'Éternel pendant qu'il se trouve ; Invoquez-le, tandis qu'il est près* »
Jérémie 29:13 « *Vous me chercherez, et vous me trouverez, si vous me cherchez de tout votre cœur* »

Cette injonction est une quête vitale et qui dure toute la vie; elle doit nous mener à maturité. Elle contient tous les ingrédients de notre développement personnel. Qui mieux que notre Dieu peut nous proposer des ressources adaptées pour nous amener à maximiser nos atouts, développer notre potentiel, réduire nos marges d'erreur. Lui qui nous demande de vivre par l'Esprit pour ne pas accomplir les oeuvres de la chair (Galates 5:16) ne nous guidera-t-Il pas, pas à pas, dans cet apprentissage qui requiert toute notre attention.

Dieu veut nous amener à pénétrer dans une dimension spirituelle dans laquelle nous devenons partenaires avec Lui pour notre croissance et notre maturité. Il ne violera pas notre volonté, nous devons la Lui soumettre et coopérer avec Lui pour acquérir les connaissances, la sagesse ainsi que la force, la détermination d'appliquer tout cela au quotidien. Nous cultivons donc notre jardin, sous son regard, avec son aide précieuse, dans le cadre d'une alliance, et d'une connexion divine qui nous mènent à bon port.

Si nous n'interrompons pas le processus, le contrat d'entretien, Dieu est capable de faire de nous un superbe jardin, toujours lumineux, verdoyant et pleins de bons fruits, et ce malgré les aléas de la vie. Rien ne peut nous séparer de son amour et du soin qu'Il porte à sa Création:
-*Romains 8:28* « *Nous savons, du reste, que toutes choses concourent au bien de ceux qui aiment Dieu, de ceux qui sont appelés selon son dessein* ».
-*Romains 8: 38-39* « *Car j'ai l'assurance que ni la mort ni la vie, ni les anges ni les dominations, ni les choses présentes ni les choses à venir, ni les puissances, ni la hauteur, ni la profondeur, ni aucune autre créature ne pourra nous séparer de l'amour de Dieu manifesté en Jésus Christ notre Seigneur* ».

Dès lors, que nous comprenons cela, nous articulons nos efforts avec l'œuvre de l'Esprit en nous, en restant attentifs à cette action afin de coopérer avec Lui en tout temps. Quoique nous fassions, notre désir c'est de faire ce qui plaît à Dieu et ce qui correspond à sa volonté pour nous. Pour peu que nous cultivions ce désir, nous sentons en nous l'inspiration et nous discernons les opportunités, les ouvertures, les moyens pour nous positionner comme Dieu le veut. Nous puisons dans la Parole et dans la présence de Dieu les ressources nécessaires à notre développement et nous cheminons avec Lui aussi évidemment et aussi régulièrement que les végétaux qui ne sèment ni ne moissonnent.
Notre jardin devient prospère, béni, il porte de bons fruits, à la gloire de notre Dieu, tandis que sa Parole demeure en nous et que nous demeurons en Lui. Nous devenons créatifs, amoureux de ce qui est beau et glorieux. Nous parvenons dans cette dimension spirituelle où notre adoration reflète la gloire de Dieu...

2 Corinthiens 3:18 « Nous tous qui, le visage découvert, contemplons comme dans un miroir la gloire du Seigneur, nous sommes transformés en la même image, de gloire en gloire, comme par le Seigneur, l'Esprit ».

Parce que nous vivons dans la glorieuse présence de Dieu, nous Lui permettons d'avoir une telle influence sur nous, que notre jardin intérieur s'en trouve changé au point de pouvoir refléter sa gloire...

CROISSANCE

Genèse 2:15
L'Éternel Dieu prit l'homme, et le plaça dans le jardin d'Éden pour le cultiver et pour le garder.

Je crois que chacun de nous est le jardinier de sa propre vie. Je crois même que personne d'autre ne peut vraiment entretenir notre jardin à notre place. Mais je suis persuadée que Dieu seul peut nous aider à entretenir ce jardin. Comment faire ?

-Romains 12:1-2
Je vous exhorte donc, frères, par les compassions de Dieu, à offrir vos corps comme un sacrifice vivant, saint, agréable à Dieu, ce qui sera de votre part un culte raisonnable
Ne vous conformez pas au siècle présent, mais soyez transformés par le renouvellement de l'intelligence, afin que vous discerniez quelle est la volonté de Dieu, ce qui est bon, agréable et parfait.

C'est en se courbant devant Dieu, en remettant notre vie entre ses mains que nous parvenons à cultiver ce jardin en profondeur. Avant que les fruits puissent pousser il faut que la terre soit en bonne santé, que la qualité du terreau soit excellente. Il faut veiller à ce que les parasites ne viennent pas affecter la semence et le potentiel de la terre. Il faut veiller à ce que le vieux levain du péché ne vienne ni affecter le développement de la graine ni pourrir la terre. Tout cela risque de compromettre les productions.

Le Seigneur l'a bien explicité : c'est de l'abondance du cœur que la bouche parle. Il faut donc veiller à l'état de notre cœur. Pour cela, il faut s'en remettre à Dieu. Il faut lui soumettre totalement tout ce qui nous concerne afin qu'Il soit en mesure de nous diriger vers sa volonté.

1 Thessaloniciens 5:23
Que le Dieu de paix vous sanctifie lui-même tout entiers, et que tout votre être, l'esprit, l'âme et le corps, soit conservé irrépréhensible, lors de l'avènement de notre Seigneur Jésus Christ !
Celui qui vous a appelés est fidèle, et c'est lui qui le fera.

C'est à Dieu que nous remettons le soin de nous aider à sanctifier notre jardin. Pas seulement le jardin intérieur, nos pensées et nos désirs, mais notre être tout entier, car tout en nous génère des éléments potentiellement dangereux, aux effets plus ou moins indésirables et gênants. Il est donc essentiel de recourir à l'aide de Dieu, de dépendre de Lui afin qu'Il nous dirige et nous aide à entretenir notre jardin.

D'autre part, Dieu est le seul capable de nous changer de l'intérieur, et de nous changer en bien. D'autres éléments de notre environnement peuvent nous influencer et générer en nous des changements ou des évolutions, mais ils n'agissent pas toujours dans le sens d'une bonne maturité.

Quand Dieu orchestre les éléments de notre vie et peut nous conduire, tout ce qu'Il fait contribue à notre bien.

Romains 8:28 Nous savons, du reste, que toutes choses concourent au bien de ceux qui aiment Dieu, de ceux qui sont appelés selon son dessein.

Ainsi donc, si nous avons la responsabilité de cultiver notre jardin, nous avons aussi le devoir de nous soumettre à Dieu pour que cet entretien soit efficace. L'Eternel nous a laissé la liberté de choisir le jardinier, mais ne nous y trompons pas, ce choix est, en réalité, très restreint. Si nous nous fions à nos propres capacités, nous allons tout droit à l'échec !

Proverbes 3:5-7 Confie-toi en l'Éternel de tout ton cœur, Et ne t'appuie pas sur ta sagesse ; Reconnais-le dans toutes tes voies, Et il aplanira tes sentiers.
Ne sois point sage à tes propres yeux, Crains l'Éternel, et détourne-toi du mal :

Il est donc clair que nos compétences personnelles sont insuffisantes pour cultiver et garder notre jardin! La crainte de l'Eternel, la volonté de lui plaire, nous pousseront à nous soumettre à sa volonté et donc à l'établir jardinier en chef de notre jardin.

Las ! Cela ne signifie pas que nous lâchons le commandement entre ses mains et que nous demeurons passivement à contempler son action. L'entretien du jardin requiert notre participation active, au contraire. Seulement, il faut comprendre à quel niveau nous intervenons et comment.

Les principes, les approches, les outils, les saisons, le plan d'ensemble, le jardinier en chef s'en charge. La mise en œuvre sur le terrain, l'application concrète des mesures décidées nous incombent. Notre obéissance, notre coopération personnelles sont indispensables. Ainsi nous sommes partenaires, ouvriers avec Dieu dans cette affaire. Jésus l'a bien expliqué à ses disciples dans l'Evangile de Jean:

Jean 15:7-8 « Si vous demeurez en moi, et que mes paroles demeurent en vous, demandez ce que vous voudrez, et cela vous sera accordé.
Si vous portez beaucoup de fruit, c'est ainsi que mon Père sera glorifié, et que vous serez mes disciples ».

Notre jardin ne peut porter du fruit que lorsque la terre est imprégnée de la Parole de Dieu. Quand nous avons choisi le jardinier, il reste encore à bien recevoir ses conseils et ses instructions, pour les appliquer à la terre, de sorte qu'elle porte du fruit. Il est essentiel que la Parole puisse avoir une action constante sur la terre, car elle contient les principes actifs dont le jardin a besoin pour se développer sainement:

Hébreux 4:12
Car la parole de Dieu est vivante et efficace, plus tranchante qu'une épée quelconque à deux tranchants, pénétrante jusqu'à partager âme et esprit, jointures et moelles ; elle juge les sentiments et les pensées du cœur.

C'est donc à partir de la Parole, des instructions pertinentes, riches, puissantes du jardinier que notre terre ensemencée va porter du fruit, tout en se gardant des parasites et des petits renards qui viennent dévorer la vigne, à notre insu.

CONSECRATION : de l'abandon au service

Psaume 73 :1-3 *Oui, Dieu est bon pour Israël, Pour ceux qui ont le cœur pur. Toutefois, mon pied allait fléchir, Mes pas étaient sur le point de glisser ; Car je portais envie aux insensés, En voyant le bonheur des méchants.*

Le psaume 73 résume le cheminement d'un enfant de Dieu et les premiers versets expriment bien ce qu'on ressent quand on est nouveau converti et que l'on croit encore que les œuvres sont le moyen par excellence de rester du côté de Dieu, dans le pays où coule toujours le lait et le miel. (Versets 1-16)

Quelque part, comme ce psalmiste, on a tendance à se comparer à ceux qui sont restés dans le monde et on s'attend à voir une ligne de démarcation très nette tracée par les bénédictions de l'Eternel. C'est alors qu'on est un peu surpris de considérer que les incroyants continuent à vivre confortablement, au moins en apparence, sans se soucier de Dieu. On ne comprend pas toujours que la grâce de Dieu pour nous s'est manifestée par des échecs, des épisodes douloureux qui nous ont poussés, avec l'aide de l'Esprit saint aux pieds de Jésus.

Pendant une saison, on est ainsi interpellé, et un peu en décalage par rapport à la Parole de Dieu : Verset 22 « *J'étais stupide et sans intelligence, J'étais à ton égard comme les bêtes* ». Mais bien vite, on entre dans le repos de la foi qui vient de ce qu'on entend et ce qu'on entend de la Parole de Dieu. Plus on est enseigné et plus on comprend comment l'amour de Dieu nous a retirés de ce qui ressemble à l'abondance mais n'en est pas, pour nous transférer dans un royaume où notre espérance est bien plus grande.

La Parole nous apprend à construire notre trésor dans les cieux, à nous attacher à ce qui est éternel et céleste, à nous défaire de la tyrannie de l'orgueil, du matérialisme et du paraître. Tandis que les désirs charnels de la vieille nature, cèdent la place au fruit de l'Esprit, nous reconsidérons notre regard sur le monde et nous contemplons, reconnaissants, la hauteur, la profondeur, la longueur et la largeur de l'amour de Dieu pour nous.

Dès lors, Dieu devient notre tout, notre portion notre centre d'intérêt. C'est de Lui que viennent toutes nos sources, c'est avec ses valeurs, à la lumière de la vérité que nous considérons les choses du monde et le fonctionnement de ceux qui y vivent encore. C'est alors, que nous comprenons notre privilège d'avoir désormais une réelle et glorieuse espérance qui nous sert de boussole et d'ancre. Nous naviguons maintenant dans la vie, malgré les tempêtes vers d'autres destinations, et avec d'autres valeurs.

Notre cœur ne se trouble point devant les possessions et les styles de vie des impies, nous avons des informations célestes qui nous rendent clairvoyants: le faux-semblant ne nous impressionne plus. Parce que nous sommes remplis de vérité, nous ne sommes plus comme ces bêtes frustres qui se laissent mener par le bout du nez jusqu'à l'abattoir..

Désormais nous avons une visée, une prière, un désir : « *Tu me conduiras par ton conseil, Puis tu me recevras dans la gloire* » (verset 24.); notre cœur ne s'y trompe plus. Il est déterminé et fixé, stabilisé et focalisé; Nous avons muri: nous ne sommes plus manipulés par nos émotions; nous faisons des choix réfléchis, à la lumière de notre connaissance et de notre foi. Nous sommes entrés dans le repos de la foi; dans le calme et la tranquillité nous nous attendons au Seigneur et nous renouvelons nos forces, là est notre victoire.

Jusque dans l'adversité nous conservons notre espérance, car ce repos nous garde libre, relax et permet à Dieu de nous guider. Nous ne bataillons plus pour avoir, nous ne nous laissons plus agiter par nos convoitises. Notre âme a trouvé le repos qui lui donne entière satisfaction (verset 25: « *Et sur la terre je ne prends plaisir qu'en toi* ».) C'est l'étape ultime de maturité. Tout ce que mon Dieu m'enseigne converge en mon âme pour aboutir à cette stabilité. Mes yeux ne promènent plus autour des regards inquiets, ils ne sont plus occasion de chute, mes émotions ne m'agitent plus.

J'ai décidé (verset 26) Dieu sera toujours le rocher de mon cœur et mon partage. Dès lors, je ne suis plus balloté par tout vent de doctrine ou par les circonstances. Je demeure en mon Dieu et je donne tout accès et toute liberté à la Parole pour qu'elle demeure en moi et pour que l'Esprit œuvre en moi. J'ai permis à l'Esprit de m'amener au stade où cette intimité avec mon Dieu est ce qui me satisfait profondément et réellement; (verset 28 : « *Pour moi, m'approcher de Dieu, c'est mon bien : Je place mon refuge dans le Seigneur, l'Éternel, Afin de raconter toutes tes œuvres* ».) Je suis donc désormais prête à le servir, à témoigner de ses hauts faits, à partager avec d'autres ce que j'ai reçu de mon Dieu.

Ah vraiment ! « *Ma chair et mon cœur peuvent se consumer : Dieu sera toujours le rocher de mon cœur et mon partage* ». (Verset 26)

CONSECRATION

Mathieu 8:23
Il monta dans la barque, et ses disciples le suivirent.
Et voici, il s'éleva sur la mer une si grande tempête que la barque était couverte par les flots. Et lui, il dormait.
Les disciples s'étant approchés le réveillèrent, et dirent : Seigneur, sauve-nous, nous périssons !
Il leur dit : Pourquoi avez-vous peur, gens de peu de foi ? Alors il se leva, menaça les vents et la mer, et il y eut un grand calme.
Ces hommes furent saisis d'étonnement : Quel est celui-ci, disaient-ils, à qui obéissent même les vents et la mer ?

Suivre Jésus implique de progresser dans la connaissance de notre Dieu. Parce que la foi vient de ce qu'on entend (Romains 10:17); il est important, voire essentiel, de bien entendre et en entendant d'acquérir la compréhension qui est associée à cette écoute et que le Saint-Esprit pourvoit pour chacun de nous. (Jean 16: 13-14).

Sans cette connexion divine, notre lecture des Ecritures reste insuffisante pour que l'impact voulu par Dieu sur nos vies nous permette de le suivre. Nous avons l'impression, souvent, que notre connaissance de Dieu est suffisante mais lorsqu'arrivent les difficultés, l'activité émotionnelle que nous ressentons devrait nous amener à conclure que nous ne connaissons pas bien notre Seigneur.

Les disciples de Jésus le suivaient depuis quelques temps et pensaient savoir qui Il était. Cette épreuve sur la mer les pousse, cependant, à reconnaître qu'ils n'avaient pas perçu des aspects importants de la personnalité de Jésus. Ils vivaient pourtant avec Lui tous les jours, ils l'avaient vu en action, mais ils n'avaient pas compris sa puissance.

De même, souvent nous croyons connaître Jésus, tout en le limitant à nos préoccupations du moment, sans toutefois Lui donner un accès total à notre cœur qui Lui permettrait de régner vraiment en nous. Nous essayons d'abord de nous débrouiller par nos propres efforts, en gardant nos mentalités, nous voulons suivre Jésus selon nos propres termes, et face aux situations difficiles, nous réalisons que rien ne fonctionne comme nous le souhaitons.

Si, par la foi, nous donnons à Dieu un accès total à notre cœur, Il nous dirigera, par son Esprit, jour après jour, dans une compréhension des Ecritures qui nous amènera à mieux le connaître. Nous serons alors, guidés vers une meilleure soumission, et une foi plus solide qui sera à la hauteur de nos défis et épreuves. L'Esprit de Dieu anticipera sur les difficultés à venir et nous conduira à construire une foi suffisante pour les surmonter.

Dieu connaît nos besoins, et notamment notre besoin de mieux appréhender les réalités du royaume, ainsi que les défis du quotidien. Il peut et veut nous rendre capables de Le suivre en tout temps. Quand la tempête se lèvera, nous serons en mesure de la confronter en restant confiants et en continuant à servir notre Maître fidèlement. De même que Jésus était dans la barque avec ses disciples, apparemment inactif, de même Il est avec nous, toujours, même si nous n'en avons pas toujours conscience. Sa présence et sa grâce nous suffisent, sa Parole aussi pour calmer les orages dès lors que notre foi est à la hauteur.

Si nous sommes déterminés à suivre, nous suivrons en tout temps, en laissant Dieu construire en nous une telle adhésion à sa volonté, que la puissance de sa Parole nous permettra toujours de surmonter les obstacles pour passer de l'autre côté... Ce qui semble déterminant, dans ce passage, ce n'est pas tant comment la tempête a été calmée, mais plutôt comment il est essentiel de bien connaître son Dieu, pour être capable de le suivre en tout temps.

Servir Dieu ne nous met pas à l'abri des controverses et autres situations douloureuses, au contraire. Nous savons, à l'avance, que nous sommes appelés à combattre dans l'armée du Seigneur, nous devons donc nous attacher à adhérer à la Parole, la connaître toujours mieux et à demeurer, à vivre en permanence à l'écoute de notre Seigneur. Chaque saison de notre vie apporte de nouveaux challenges. Notre foi doit s'ajuster à ces nouveaux niveaux de difficultés et de défis. Comme la manne, les Ecritures doivent nous nourrir en permanence et aboutir à une réelle communion avec Dieu.

Cette communion doit nous permettre de réagir promptement à la volonté du Seigneur, et à demeurer prêt à faire face aux tempêtes, au gros temps de la saison dans laquelle nous vivons. La foi n'est pas une formule à succès, elle constitue cette connexion divine qui s'enrichit et se perfectionne pour nous permettre de vivre en Dieu et d'accomplir sa volonté, en tout temps.

CONSECRATION
Actes 27:10
C'est pourquoi Paul avertit les autres, en disant : O hommes, je vois que la navigation ne se fera pas sans péril et sans beaucoup de dommage, non seulement pour la cargaison et pour le navire, mais encore pour nos personnes.

Actes 27:22
Maintenant je vous exhorte à prendre courage ; car aucun de vous ne périra, et il n'y aura de perte que celle du navire.
Un ange du Dieu à qui j'appartiens et que je sers m'est apparu cette nuit, et m'a dit : Paul, ne crains point ; il faut que tu comparaisses devant César, et voici, Dieu t'a donné tous ceux qui naviguent avec toi.

Mathieu 8:23-26
Il monta dans la barque, et ses disciples le suivirent.
Et voici, il s'éleva sur la mer une si grande tempête que la barque était couverte par les flots. Et lui, il dormait.
Les disciples s'étant approchés le réveillèrent, et dirent : Seigneur, sauve-nous, nous périssons !
Il leur dit : Pourquoi avez-vous peur, gens de peu de foi ? Alors il se leva, menaça les vents et la mer, et il y eut un grand calme.

Une comparaison rapide entre ces passages fait apparaître deux situations qui se terminent bien, mais à y regarder de plus près, l'une s'achève sans dommage, l'autre avec beaucoup de perte.

Dans les deux cas, l'attitude des hommes à bord aura été déterminante. Les uns ont préféré ignorer les avertissements de Dieu, les autres ont invoqué son nom et suscité son intervention.
Dans les deux cas, Dieu était là. Dans la situation des marins qui menaient Paul à Rome, Dieu était là et ils ne le savaient pas. Dans la seconde histoire, Jésus était là et les disciples le savaient, alors ils ont suscité son aide.

On voit bien alors, que ce que nous faisons de la présence de Dieu est déterminant pour l'issue de l'épreuve. Les disciples conscients de la présence de Dieu n'ont rien perdu, mais ceux qui ont préféré ignorer sa voix ont tout perdu. Parce que les disciples vivaient dans l'intimité de Jésus, ils ont pressenti qu'Il pourrait faire quelque chose d'efficace contre la tempête. Ils ne savaient même pas à quoi s'attendre, leur étonnement après l'intervention du Maître témoigne de leur ignorance de la portée de l'autorité de Jésus. Pourtant, ils l'ont invoqué, ont requis son aide, se tenant prêts à obéir à ses instructions. Leur réaction dans la tempête a fait toute la différence. Le Seigneur a pu manifester sa grâce et son autorité.

Qu'il est donc déterminant de savoir discerner, reconnaître la présence de Dieu, la voix de Dieu, en tout temps, de pouvoir interagir avec Lui en toute confiance. Voilà pourquoi être simplement religieux ne suffit pas. Voilà pourquoi avoir quelques connaissances des Ecritures ne suffit pas: il faut connaître son Dieu, fréquenter son intimité, avoir foi dans sa Parole.
On dit qu'un bébé à la naissance peut reconnaître la voix de sa mère: n'est-ce pas normal après neuf mois d'intimité, neuf mois pendant lesquels les deux vies s'entrecroisent, s'articulent, s'entremêlent... Si nous fréquentons ainsi l'intimité de Dieu, nous ne ferons pas naufrage...

Certaines personnes pensent que cette intimité avec Dieu est réservée à ceux que Dieu a appelés. C'est la différence qu'ils établissent entre le clergé et le troupeau. Les membres du «clergé» doivent rester dans la présence de Dieu, faire des vœux et Lui consacrer leur vie. Les fidèles eux, peuvent s'en exempter: quelques méditations çà et là devraient suffire. Aussi, quand ils passent par des moments difficiles, ils ne savent ni comment susciter l'intervention de Dieu ni recevoir de Lui inspiration et instructions nécessaires à la victoire. Faute de pouvoir s'adresser à l'Eternel efficacement, ils gardent les yeux sur les hommes et ne disposent que de la sagesse humaine pour s'en sortir, ou plutôt pour faire naufrage. Au plus fort de la tempête, ils sont contraints de lâcher prise, de perdre leurs bénédictions, et de se laisser entraîner à la destruction, et si ce n'était la grâce de Dieu, tout espoir serait vain.

Les disciples eux, avaient une connaissance imparfaite de leur Maître qui leur a pourtant permis de choisir de l'invoquer plutôt que de deviser entre eux pour savoir quoi faire. Certains d'entre eux étaient pourtant, marins aussi, mais dans cette situation, ils ont préféré faire appel à Jésus.

Dans les deux cas, c'est aussi en gardant les yeux concentrés sur le but à atteindre que l'on évite le naufrage. L'apôtre Paul savait où il allait et pourquoi. L'ange lui rappelle, dans son intervention, que tempête ou pas l'objectif de Dieu doit être atteint. Dans la situation des disciples, Jésus leur avait donné l'ordre de passer de l'autre côté. En gardant à l'esprit ce que Dieu veut, on ne se laisse pas impressionner ou intimider par les assauts de l'ennemi et les tempêtes. Il ne s'agit pas de nous, il n'est pas question de préserver notre confort, il s'agit de l'accomplissement de la volonté de Dieu.

Dès lors, que l'on se sait dans la bonne direction, à notre place, occupés à exécuter la volonté de Dieu, les tempêtes peuvent toujours s'abattre sur nos embarcations, car c'est la volonté de Dieu qui prévaudra, d'une manière ou d'une autre. Quand nous avons une telle confiance en l'Eternel, c'est dans le calme et le repos que sera notre force, comme dit le prophète Esaïe. Nous nous appuyons sur Lui, sur ses promesses de toutes nos forces, et nous ne faisons pas naufrage. Nous nous appuyons sur sa sagesse divine et pas sur la sagesse des hommes. Paul est arrivé à bon port en suivant et en faisant suivre les instructions de Dieu, en appliquant la sagesse divine.

Remarquez aussi que par l'intercession de Paul, la vie des marins a été préservée, c'est cela le plus important. Parfois, nous laissons des plumes, dans nos épreuves, nous perdons quelques objets matériels et il y a aussi des dommages collatéraux, mais cela n'est rien que le Seigneur ne puisse restaurer. Job est un bon exemple: tout ce qu'il a perdu lui a été restauré: certes il a eu d'autres choses, mais cela prouve que Dieu est capable. Ce n'est donc pas cela qui doit nous préoccuper. Ce à quoi nous devons nous attacher c'est à rester concentré sur Dieu, pour recevoir de Lui et prendre la victoire, atteindre le but fixé par le Seigneur. Ainsi, les épreuves ne nous casseront pas, notre cœur ne fera pas naufrage. Comme Paul, nous en sortirons fortifiés, plus concentrés encore sur l'objectif divin, plus puissants contre les oppositions, vaccinés contre les venins des serpents attirés par la chaleur qui prévaudra dans notre cœur.

SERVITEURS : de la liberté à la servitude

Philipiens 2:5 "Ayez en vous les sentiments qui étaient en Jésus-Christ"

L'épître aux Philippiens nous rappelle à quel point la feuille de route d'un disciple est à la fois simple et profonde. De même que notre Seigneur, lors de son ministère sur terre, était mystérieusement homme et Dieu, de même, nous sommes appelés à vivre comme des hommes, parmi les hommes, mais pas seulement.

Nous sommes appelés à vivre avec un corps d'homme mais un être intérieur participant de la nature divine. Quand, pendant des années, on a présenté la foi comme une formule pour obtenir succès et prospérité, en tout temps, et on a fabriqué des chrétiens inconsistants. On a fabriqué des âmes fragiles, concentrées sur les chemins de la réussite pour montrer aux incrédules que Dieu est bon.

Il est clair, aujourd'hui que cette façon de prêcher l'Evangile laisse à désirer. Notre Seigneur nous a appelés à nous charger de la croix, à renoncer à nous-mêmes, et à le suivre. Il nous a appelés à garder son message pour être vraiment libres.

Ce message de la liberté doit revenir au centre de nos prédications, en sachant que la liberté, la vraie a un prix. Jésus a vécu, sous nos yeux, une vie absolument libre. Aucune forme de péché n'a eu la moindre influence sur lui, aucune pensée, aucune opportunité ne l'a poussé à s'écarter même d'un iota de la volonté de son Père. Jésus était donc absolument libre.

Cette liberté, après l'avoir démontrée par sa vie de tous les jours, en présence des apôtres, Il l'a démontrée en donnant sa vie, en versant son sang pour nous. Même les terribles souffrances qu'Il a été contraint d'endurer n'ont pas eu raison de sa détermination à accomplir toute la volonté de Dieu.

Cette liberté, Jésus est donc venu, s'est donné pour que nous aussi nous puissions en jouir. Jésus a vaincu le péché pour nous par sa vie sans péché et par sa mort. Il a vaincu la culpabilité, la séparation entre nous et Dieu, par une vie sans compromis, en obéissance totale à la volonté du Père. En sa qualité d'homme, Il a cloué la puissance du péché par son obéissance totale, et par les clous de sa vie donnée à la croix, et le sang qui a jailli.

Si le sacrifice de la croix a été accompli une seule fois pour toute, la vie d'obéissance, de victoire sur le péché est perpétrée par chacun de ses disciples, prolongeant ainsi la victoire du Maître sur les ténèbres. La liberté que Jésus nous a acquise, nous la gardons et nous l'utilisons chaque jour, pour demeurer libres du péché et victorieux contre les forces des ténèbres.

Cette vie de liberté (zoé) rendue possible par le sacrifice de la croix, la puissance de la Parole dans le croyant, c'est la vie à laquelle nous avons été appelés, ce qui caractérise la nouvelle nature, et ce qui rend possible une vie au service de Dieu. Notre vie de disciple est donc plus complexe qu'il n'y paraît, à première vue :
-Nous sommes riches de toutes les promesses de Dieu que nous pouvons établir sur nos vies, par la foi, mais nous sommes prêts à vivre dans le dénuement complet, si Dieu le veut ainsi, et pour accomplir sa volonté
-Nous avons un statut de personnes privilégiées devant Dieu : enfant, disciple, ambassadeurs, ouvrier avec Lui, vases d'honneur entre Ses mains, mais nous nous effaçons complètement devant sa volonté, seul compte son plan.

-Ce statut fait de nous, non pas des personnages importants, arrogants et vaniteux, mais des serviteurs se tenant toujours sur la brèche, pour les autres;
-Cette vie de liberté, nous rend esclaves du Seigneur, déterminés à le servir, en tout temps, en toutes circonstances.

Comme Jésus, et avec les pensées qui étaient en Lui, nous sommes hommes, parmi les hommes mais avec une nature participante de la nature divine...

SERVITEURS : TOUJOURS PRETS

"Je dirai à mon âme : Mon âme, tu as beaucoup de biens en réserve pour plusieurs années ; repose-toi, mange, bois, et réjouis-toi. Mais Dieu lui dit : Insensé ! Cette nuit même ton âme te sera redemandée ; et ce que tu as préparé, pour qui cela sera-t-il ?" Luc 12.19-20

Philipiens 4:12
Je sais vivre dans l'humiliation, et je sais vivre dans l'abondance. En tout et partout j'ai appris à être rassasié et à avoir faim, à être dans l'abondance et à être dans la disette.
Je puis tout par celui qui me fortifie.

Il y a un enjeu important à savoir se méfier de l'abondance et de ses effets sur l'âme, dans notre marche avec Dieu. C'est vrai que chacun aspire à une abondance de biens matériels qui semble mettre ainsi à l'abri du besoin. Il est vrai que Jésus lui-même nous a promis la vie en abondance (Jean 10:10). Cependant, Dieu ne nous a pas promis une vie matérielle qui nous garantit de ne plus avoir besoin de regarder à Lui en tout temps.

Quand on relit le canevas de prière donnée par le Maître (Mathieu 6:9-13), on réalise que Dieu s'attend à ce que nous vivions notre vie en dépendant de Lui, chaque jour. Si l'abondance de biens nous permet de penser que nous sommes à l'abri du besoin, elle nous prive alors de ce recours à Dieu quotidien, si essentiel pour notre âme.

C'est de là que vient le danger : quand on peut vivre jour après jour sans avoir à consulter Dieu, on finit par s'habituer à ne pas dialoguer avec Dieu au quotidien; disons que généralement c'est ce qui se passe, même si certaines personnes, comme l'apôtre Paul, marchent avec Dieu dans une telle consécration, que l'abondance de biens n'affecte pas leur relation avec le Seigneur.

C'est une grande preuve de maturité spirituelle, quand les circonstances extérieures n'influencent ni notre service ni notre dévotion. Pour atteindre ce niveau, il faut savoir garder sa consécration en tout temps. Si on ne ressent pas les périodes de disette comme un grand cataclysme, on n'accordera pas autant d'importance aux biens matériels. Si on place Dieu au centre de sa vie, sans condition, en l'adorant pour ce qu'Il est et pas seulement pour ce qu'on peut en obtenir, alors on parvient à rester stable et à se contenter de ce qu'on a.

Il y a d'ailleurs un grand avantage à cela : notre cœur ne se trouble pas, et notre foi demeure intacte et disponible pour interagir avec Dieu et accomplir des exploits. Pourquoi ? Parce que nous ne sommes pas distraits, détournés des affaires du Seigneur, mais au contraire constamment en paix, enthousiastes, à l'écoute et toujours prêts. Nous pouvons voyager légers sans que nos besoins nous dictent des compromis fâcheux ou alimentent un orgueil qui précède la chute.

2Timothée 2:4

Il n'est pas de soldat qui s'embarrasse des affaires de la vie, s'il veut plaire à celui qui l'a enrôlé.
Lorsqu'on garde une mentalité de soldat, ce que l'apôtre Paul recommande à Timothée, on ne risque pas de tomber dans le piège de l'engourdissement que provoque parfois l'abondance. On pourrait croire que cette déclaration ne concerne que les serviteurs du Seigneur, ayant des responsabilités dans les assemblées, mais notre Seigneur rappelle à chacun la nécessité de ne pas se laisser engourdir par les affaires de ce monde :
<u>Luc 21:34</u>
Prenez garde à vous-mêmes, de crainte que vos cœurs ne s'appesantissent par les excès du manger et du boire, et par les soucis de la vie, et que ce jour ne vienne sur vous à l'improviste.

Il est donc clair, que l'abondance présente l'inconvénient, si elle est mal maitrisée, de nous alourdir et d'affecter notre consécration. Il existe cependant, une façon de s'en prémunir : celui qui donne généreusement, reçoit encore du Seigneur et continue à vivre en dépendant de Dieu. Quand on utilise ainsi les ressources données par l'Eternel, on interagit avec Lui pour l'édification du royaume.

Il est donc sage de savoir se contenter de ce que le Maître donne, en gardant les yeux sur Lui, en tout temps, pour rester réactif, attentif à sa voix. Il n'y a rien de plus important. L'enjeu de notre vie n'est pas une quête de confort. C'est de pouvoir se mettre au service du Maître et y rester en tout temps. Comme l'apôtre Paul, nous ne devons garder notre volonté, notre motivation libre de tout engagement, de tout ressenti, et être toujours prêt à l'action...

LA FIDELITE : de la confiance à la stabilité

Psaume 18:2
(18 :3) Éternel, mon rocher, ma forteresse, mon libérateur ! Mon Dieu, mon rocher, où je trouve un abri ! Mon bouclier, la force qui me sauve, ma haute retraite !

<u>Deutéronome 32:4</u>
Il est le rocher ; ses œuvres sont parfaites, Car toutes ses voies sont justes ; C'est un Dieu fidèle et sans iniquité, Il est juste et droit

Comment bâtir sa vie sur autre chose que sur un rocher. Pourquoi bâtir sur un rocher. Quels sont les caractéristiques du rocher si ce n'est que c'est solide, fiable, durable et résistant à l'épreuve du temps et des difficultés.
Il est évident que Dieu ne nous veut pas hésitant, fragile et vulnérable à cause de notre foi.

Il veut que nous ayons de l'assurance et c'est pourquoi la Bible nous donne de la foi la définition suivante en Hébreux 11:1 « *Or la foi est une ferme assurance des choses qu'on espère, une démonstration de celles qu'on ne voit pas* ».

Cette ferme assurance repose sur la nature de Dieu, sur ces caractéristiques fondamentales. Notre Dieu est immuable comme un rocher. Il est ancré, placé pour ne pas bouger, ne pas varier, Il est donc digne de confiance. C'est en plus un rocher de perfection, de vérité absolue, de certitude de droiture. Il n'y a donc aucune raison de mener sa vie en plaçant sa confiance en autre chose ou en d'autres personnes que Lui. Ces certitudes nous permettent de nous enraciner en Lui, de nous élancer en Lui par la foi, de tenir ferme même pendant les tempêtes.

Quand Dieu se présente comme un rocher Il donne de Lui une image simple que chacun peut comprendre. Il s'adresse à tous avec un vocabulaire simple et donne à chacun accès à la foi.
J'aime à considérer quel privilège nous avons d'avoir un tel accès à la vérité, à un Dieu solide, puissant, éternel.. Il nous permet de nous situer dans un cadre sûr. Ainsi nous concevons notre vie dans un cadre de sécurité indispensable à nos progrès. Dieu sait que nous avons besoin de sécurité émotionnellement pour nous développer et vivre une vie abondante. Cette sécurité nous procure la paix de l'esprit, et Dieu nous veut en paix.

Ce rocher n'est pas un rocher creux et vide. Non c'est un rocher plein de ressources qui nous donnent la vie. C'est de ce rocher que Moïse tira l'eau que réclamaient les israélites dans le désert. Cette eau source de vie, est la même qui jaillit en nous jusque dans la vie éternelle, quand nous demeurons en Christ: Nous avons donc tout intérêt à appuyer notre vie sur ce rocher nourricier.

Comme le psalmiste confessons encore et encore, quelles que soient les circonstances que Dieu est le rocher de notre salut.

SA FIDELITE

<u>Psaumes 25:10</u>
*Tous les sentiers de l'Éternel sont miséricorde et **fidélité**, Pour ceux qui gardent son alliance et ses commandements*
<u>Psaumes 33:4</u>
*Car la parole de l'Éternel est droite, Et toutes ses œuvres s'accomplissent avec **fidélité***
<u>Psaumes 36:5</u>

*(36 :6) Éternel ! ta bonté atteint jusqu'aux cieux, Ta **fidélité** jusqu'aux nues*
<u>Psaumes 37:3</u>
*Confie-toi en l'Éternel, et pratique le bien ; Aie le pays pour demeure et la **fidélité** pour pâture*
<u>Psaumes 40:11</u>
*(40 :12) Toi, Éternel ! tu ne me refuseras pas tes compassions ; Ta bonté et ta **fidélité** me garderont toujours.[...]*
<u>Psaumes 43:3</u>
*Envoie ta lumière et ta **fidélité** ! Qu'elles me guident, Qu'elles me conduisent à ta montagne sainte et à tes demeures*

Le mot fidélité est presque un pléonasme quand il s'agit de Dieu. Il est impossible de parler de fidélité sans parler de Dieu, et de parler de Dieu sans parler de fidélité. Les deux sont inséparables. Tous les sentiments de Dieu à l'égard de sa création se manifestent dans le cadre de sa fidélité. Dès lors, ses attitudes à notre égard sont stables et constantes. Il est à noter que la bonté est souvent associée à la fidélité de l'Eternel. Cette bonté-là est fiable et solide, on peut donc compter dessus et faire face aux challenges et difficultés en s'appuyant sur ses promesses. Cette fidélité implique l'honnêteté, la droiture, l'intégrité du Seigneur. Personne ne l'influence, même pas nous, Il sait à quoi s'attendre et Il s'est engagé à nous garder sa fidélité.
<u>Psaumes 91:4</u>
*Il te couvrira de ses plumes, Et tu trouveras un refuge sous ses ailes ; Sa **fidélité** est un bouclier et une cuirasse*
Cette fidélité est aussi notre protection suprême. Elle nous garde de toutes les attaques, et nous permet de continuer à avancer dans la paix de Dieu, malgré les circonstances difficiles. Cette fidélité nous fait tenir quand les promesses tardent à se matérialiser, ou quand l'ennemi nous tente de douter ou de nous décourager. Nous pouvons claquer la porte du doute, résister à la dépression parce que nous savons que fidélité= intégrité de Dieu : ce qu'Il dit Il le fait.
Psaume 119:138 Tu fondes tes préceptes sur la justice Et sur la plus grande fidélité.

C'est aussi cette fidélité qui donne toute sa portée, toute sa puissance à la Parole de Dieu. Nous savons que tout passera mais la Parole de Dieu ne passera pas. Donc Dieu s'est engagé, c'est un premier point mais sa fidélité implique aussi qu'Il s'est donné les moyens, malgré la liberté de l'homme de pouvoir accomplir sa volonté. Ça c'est fort, c'est puissant et c'est rassurant. Dieu ne se laisse influencer par personne. Il n'est intimidé par personne et rien ne peut le tenir en échec. Comme Il est omnipotent et omniscient, sa connaissance s'inscrit hors du temps, de tout temps Dieu sait, Dieu voit, Dieu fait ce qu'Il dit. Il est capable même d'inclure dans ses plans, la méchanceté des hommes ainsi que les méfaits du diable. Tout concourt à sa l'accomplissement de sa volonté, aux temps voulus. Une telle fidélité. n'appartient qu'à Dieu parce qu'elle est basée sur une connaissance parfaite et un amour parfait pour sa création.
Psaume 119:152 Dès longtemps je sais par tes préceptes Que tu les as établis pour toujours.

La fidélité de Dieu s'explique aussi par le fait que Dieu inscrit toujours son action dans la durée. Il se donne le temps et Il nous donne le temps d'obtenir ce qu'Il veut. Son amour nous assure sa bonté et sa miséricorde sur le chemin ; sa patience et son approche parfaites nous garantissent la victoire. Quand on voit Dieu à l'œuvre, dès le livre de la Genèse depuis le chapitre 3 :16 on comprend mieux comment Il se donne les moyens, à travers le temps, et aux temps voulus, d'accomplir sa volonté. Ce qu'Il a annoncé au serpent, dans le livre de la Genèse, Il l'a accompli, en travaillant sans relâche, de génération en génération à mettre en place un peuple, une généalogie qui amènera l'avènement de son Fils jusqu'à son sacrifice sur la croix.

De plus, sa Parole contient de nombreux exemples pour nous exhorter à la patience, à la foi, à la paix, à la droiture en comptant sur sa fidélité... autant dire aussi que Dieu nous a donné un cadre explicite : sa Parole constituée de ses préceptes, de ses annonces, de sa volonté, des enseignements fondamentaux de son royaume. Cette Parole nous permet de vivre dans une dimension surnaturelle basée sur la vérité, la justice, et sa fidélité...

Quand une personne est fidèle, elle est facile à suivre, surtout si elle respecte ses engagements d'ailleurs clairement édictés. Quand une personne est fidèle, elle est fiable, on peut donc s'engager à ses côtés. S'engager signifie entrer dans son rayonnement, entrer dans ses projets, agir avec lui, vivre avec lui ou avec elle. C'est pourquoi Dieu se définit comme un Dieu résolument, totalement, parfaitement fidèle.
« L'Éternel m'est apparu de loin : Je t'ai aimée d'un amour éternel ; c'est pourquoi je t'attire avec bonté. » (Jérémie 31:3).

EPREUVES

Deutéronome 11:14
Je donnerai à votre pays la pluie en son temps, la pluie de la première et de l'arrière-saison, et tu recueilleras ton blé, ton moût et ton huile.

Pour cultiver un jardin, il faut de l'eau. C'est un élément essentiel et même une question existentielle. Il faut de l'eau en quantité, mais surtout au bon moment. Rien ne remplace l'eau naturelle qui sait arroser en quantité et en qualité un jardin qui s'épanouit sous le firmament.

Manifestement le Jardinier en Chef, sait produire cette eau et la déverser, en pluie, au bon moment. Cette pluie est donc une bénédiction du ciel, quand elle n'est pas excessive et ravageuse... Les jardins qui en manquent, risquent tout simplement de disparaître. Il convient donc de s'arranger pour que l'Eternel soit toujours en mesure de nous envoyer ces pluies. Notons, qu'il existe plusieurs sortes de pluies, qui caractérisent les différentes saisons. Nous ne savons pas toujours dans quelle saison nous nous trouvons, mais le Seigneur sait, c'est donc Lui qui peut le mieux nous envoyer la pluie appropriée pour prendre soin du jardin.

Notons que cette eau satisfait les besoins des éléments du jardin, en donnant vie à toutes sortes de ressources du sol qui enrichissent et nourrissent. Cette pluie est produite par des nuages qui assombrissent notre ciel. Rarement, il pleut quand le soleil brille et que l'azur atteste d'un ciel net. Il faut donc accepter que le ciel s'assombrisse, que les nuages s'agglutinent et que le cycle de l'eau produise de la pluie. Si on veut vivre sous un ciel sans nuage, toujours, il nous manquera l'eau nécessaire à la pluie bénéfique.

Les orages produisent eux aussi des pluies de l'arrière-saison encore plus abondantes que celle du printemps. Il s'agit d'arroser afin que les fruits formés arrivent à maturation, pour être récoltés. Le soleil seul les brûlerait, l'eau abondante est absolument nécessaire, et pas seulement, l'eau que l'on pourrait verser à la surface. Il faut de l'eau qui tombe d'en haut pour pénétrer profondément, de manière à abreuver le sol et à faire monter une sève vitaminée pour amener le fruit à maturité. Cette combinaison eau de pluie et lumière est essentielle et irremplaçable. Même la durée d'ensoleillement est importante à chaque saison, articulée à la bonne quantité de pluie. Quand l'un de ces éléments vient à manquer ou se trouve en trop grande quantité, le jardin risque de souffrir ou d'être détruit en partie.

Notre Dieu sait le dosage nécessaire à notre croissance, et à notre maturation. Il nous engage dans un projet de prospérité qui doit nous permettre de devenir la personne qu'Il a prévu que nous soyons. Il sait nous entretenir, nous émonder pour que nous portions plus de fruit et nous procurer juste assez d'orage et de stress pour que nous ne demeurions pas stériles. Il envoie la pluie, Il se charge de contrôler les différentes saisons de notre vie et les éléments essentiels de chaque période. L'orage en lui-même ne devrait pas nous effrayer, la pluie ne devrait pas nous poser de problème, parce que tout cela s'articule pur créer les conditions de notre croissance (Romains 8:28).

C'est pourquoi nous pouvons nous réjouir des orages, et des épreuves qui nous procurent "un poids éternel de gloire" parce que comme pour le jardin, ces éléments permettent à Dieu de nous transformer, de nous équiper, de faire de nous des vases d'honneur à sa seule gloire !

LA PAIX : du calme au repos éternel...

2 Cor1:2
Que la grâce et la paix vous soient données de la part de Dieu notre Père et du Seigneur Jésus Christ !

2 Corinthiens 13:11
Au reste, frères, soyez dans la joie, perfectionnez-vous, consolez-vous, ayez un même sentiment, vivez en paix ; et le Dieu d'amour et de paix sera avec vous.[...]

Nous pouvons:
-recevoir la paix avec Dieu: être réconciliés
-recevoir la paix de Dieu: vivre cette réconciliation et tous ses bénéfices, et laisser cette paix rayonner dans notre vie, à tous les niveaux

-choisir de privilégier cette paix, et la laisser prévaloir dans toutes nos pensées et toutes nos actions: l'offrir, en quelque sorte, autour de nous.

Pour la vivre, il faut l'avoir reçue: la paix que Dieu donne n'est pas la paix au sens commun des hommes: Jean 14:27
Je vous laisse la paix, je vous donne ma paix. Je ne vous donne pas comme le monde donne. Que votre cœur ne se trouble point, et ne s'alarme point.[...]

En effet, Dieu nous donne sa paix pour que nos cœurs restent stables, sereins et capable de rester connectés à sa présence et à sa volonté, en tout temps. Cette paix nous garde aussi complets, entiers, en bonne santé, morale, mentale, physique..
Chaque fois que Jésus se manifeste dans nos vies, depuis la conversion, jusqu'à la fin, cela se traduit par une plus grande dimension de paix intérieure:
Jean 20:19 « *Le soir de ce jour, qui était le premier de la semaine, les portes du lieu où se trouvaient les disciples étant fermées, à cause de la crainte qu'ils avaient des Juifs, Jésus vint, se présenta au milieu d'eux, et leur dit : La paix soit avec vous !* »

Pendant plusieurs années, la paix a été définie comme une absence de conflits, presqu'au sens que le monde donne à ce terme. Mais, comme Jésus l'a démontré, en dormant dans la barque, pendant l'orage, alors que ses disciples paniquaient, la paix est plus que cela, la paix est sérénité au milieu du danger et de l'adversité. Parce que cette conception commune de la paix selon Dieu prévaut encore trop dans nos cœurs, nous sommes encore trop facilement troublés et influencés par les circonstances. Notre foi n'émane pas vraiment d'un cœur calme et serein, qui reçoit pleinement toute la Parole de Dieu et les directions de son Esprit.

Comme la parabole du semeur, le précise, nous sommes encore trop nombreux à laisser la Parole nous échapper, à ne pas bénéficier de l'impact merveilleux que les principes de Dieu pourraient avoir en nous parce que les circonstances, les soucis captivent notre attention et font vibrer nos émotions. Ah ! la gestion de nos émotions; quelle affaire ! Pourtant, la paix de Dieu, quand elle rayonne en nous, en réception surtout, garde nos cœurs, et discipline nos émotions, tout autant que la sérénité nous permet de considérer les enjeux et de recevoir l'inspiration divine pour surmonter et gérer nos difficultés.

Trop souvent, c'est tout le contraire qui se passe dans nos vies: l'adversité nous surprend, l'effet de surprise, la rupture, le changement désagréable nous déstabilise; nos émotions s'emballent; la gestion du désagrément prend le pas sur la gestion du problème à résoudre. En fait, nous sommes si affligés d'avoir encore un problème; quelque chose de difficile à régler, qui prend du temps à se remettre en ordre, que la frustration nous empêche de nous positionner correctement pour recevoir tout ce que Dieu veut nous communiquer à travers cette situation.

Il devient alors, difficile pour le Seigneur de nous guider, car nous sommes perdus dans la gestion d'émotions diverses, d'humeurs instables, nous sommes ballotés de droite et de gauche, et si ce n'était la miséricorde de Dieu, nous péririons, dans la douleur. Parce que nous avons compris la paix comme l'absence de conflit, nous ne savons pas gérer les conflits, dans la paix.

Pour les Ecritures, la paix est d'abord, paix intérieure: guérison, restauration de l'ordre divin, en nous. Elle est réconciliation, certes, mais une réconciliation suprême qui donne vie à nos êtres (esprit, âme et corps). Elle est l'épicentre de la vie en abondance que Jésus est venu nous apporter.

Elle doit être d'abord intérieure, car on ne peut pas donner ce qu'on n'a pas reçu, on ne peut pas utiliser ce qu'on ne possède pas. Il n'y a qu'un chemin pour cette paix intérieure; et sans Jésus on ne le trouve pas: Romains 3:*17 Ils ne connaissent pas le chemin de la paix ;[...]*

Cette paix est donc une paix divine, une paix salut. Le salut de l'âme, la restauration de la vie, de toutes les facultés de l'homme pour qu'il fonctionne complètement, dans la plénitude que Dieu a préparée pour lui et qu'il soit capable d'accomplir la volonté du Seigneur, en tout temps.. voilà un bon début de définition de la paix.

Quand on creuse encore un peu, on réalise que ceux qui vivent selon la chair, ne vivent pas complètement; ils ne bénéficient pas de leur plein potentiel.
 Romains 8:6 : « *Et l'affection de la chair, c'est la mort, tandis que l'affection de l'esprit, c'est la vie et la paix.* »
C'est quand on s'attache au Seigneur, par son Esprit que l'on découvre, comprend, reçoit les éléments de son plein potentiel, selon Dieu et en Lui, et que l'on permet à la paix divine de rayonner en nous. Ainsi l'impact de la paix divine va croissant, tandis que l'on murit en Dieu. Plus nous fixons nos regards sur le Seigneur, plus sa paix nous remplit, nous stabilise, nous fortifie, nous donne accès à sa pensée, nous garde sereins, entiers, complets, courageux et forts dans la bataille. Il y aura contraste entre ce que nous vivons à l'extérieur et ce que nous ressentons au-dedans. Ce n'est pas que nous trouvons un peu de paix, c'est la paix divine qui nous envahit et nous remplit.

Allons encore plus loin :
Romains 14:17 « *Car le royaume de Dieu, ce n'est pas le manger et le boire, mais la justice, la paix et la joie, par le Saint Esprit.* »
Voilà, je crois la définition de la vie en abondance que Jésus apporte à tous ceux qui se convertissent. Ces trois éléments se reçoivent, par la foi, tout simplement, mais quelle différence, ils font dans nos vies! Dès que nous nous savons justifiés par la foi, la paix s'installe; vous la voyez là en deuxième position, dans la description du règne de Dieu qui s'établit en nous.

Romains 5:1 « *Étant donc justifiés par la foi, nous avons la paix avec Dieu par notre Seigneur Jésus Christ* ». C'est cette réconciliation qui nous ouvre les portes de la paix, de la restauration, de la régénération, de la joie. Dieu ne bataille pas avec nous pour nous changer. Dans la paix, Il nous guide, Il nous transforme, Il nous équipe, Il nous utilise pour sa gloire. Les circonstances qui nous déstabilisent ne viennent pas nous retirer une quelconque paix précieuse, elles nous changent de l'intérieur, tandis que la paix divine qui tient nos êtres, nous gardent stables et entiers. Dieu ne nous tourmente pas, même quand Il nous donne un problème à résoudre. Il nous pousse à regarder vers Lui, Il stimule notre foi, améliore notre marche, perfectionne nos talents, nous émonde pour que nous portions plus de fruit.

Notre paix intérieure n'en est pas remise en cause pour autant, car elle n'est pas établie en fonction des circonstances, mais du règne de Dieu en nous, que rien ne peut remettre en cause. Changeons notre conception de la paix, ne nous laissons prendre au piège des mots que le monde utilise. Comprenons bien les concepts divins et gardons à l'esprit la bonne dimension de ces concepts pour permettre à Dieu d'accomplir sa volonté en nous et avec nous.

La paix divine, paix intérieure se manifestera alors dans nos vies comme:
-1Corinthiens 7:15 : la paix antidote du tourment
Si le non-croyant se sépare, qu'il se sépare ; le frère ou la sœur ne sont pas liés dans ces cas-là. Dieu nous a appelés à vivre en paix.
1Corinthiens 14:33 : la paix antidote du désordre
Car *Dieu n'est pas un Dieu de désordre, mais de paix. Comme dans toutes les Églises des saints,[...]*-
-Jean 16:33 la paix: assurance/ antidote de la peur
Je vous ai dit ces choses, afin que vous ayez la paix en moi. Vous aurez des tribulations dans le monde ; mais prenez courage, j'ai vaincu le monde.[...]
Cette paix-là est particulièrement précieuse et importante pour notre vie au quotidien: pour avoir le courage de tenir dans l'adversité, ne pas se laisser décourager ou détourner des buts de Dieu par les circonstances, garder une foi ferme et résolue. C'est une paix assurance qui garantit un pas assuré et ne se trouve nulle part d'autre que dans l'action de Dieu dans nos cœurs.

Romains 15:13 la paix: espérance/ antidote de la dépression
Que le Dieu de l'espérance vous remplisse de toute joie et de toute paix dans la foi, pour que vous abondiez en espérance, par la puissance du Saint Esprit
Comme souvent, on retrouve ce couple: paix/joie tant il est vrai que ces deux-là marchent ensemble et ne dépendent pas des circonstances, mais au contraire, nous gardent, en toute circonstances.
Ces deux éléments sont deux facteurs de stabilité, d'équilibre qui nous permettent d'accepter, de nous soumettre et même de célébrer les changements que Dieu fait dans nos vies, au lieu de les considérer trop souvent comme des contrariétés.
Il n'y a pas d'éléments plus vitaux que ceux-là qui nous gardent enthousiastes, motivés et capables de s'élancer, en tout temps, de rebondir, de se mobiliser malgré l'adversité. Ces capacités doivent venir de l'intérieur de sorte que nous soyons toujours en mesure de nous propulser vers la volonté de Dieu et de l'accomplir, au quotidien..

Esaïe 26:3 la paix: stabilité/antidote du doute
A celui qui est ferme dans ses sentiments Tu assures la paix, la paix, Parce qu'il se confie en toi-
Romains 16:20
Le Dieu de paix écrasera bientôt Satan sous vos pieds. Que la grâce de notre Seigneur Jésus Christ soit avec vous !
J'ai gardé ce verset pour la fin, car pour moi, c'est l'apothéose. Ah! que Dieu grave cela dans nos cœurs; car c'est dans cette confiance et ce repos que sera notre force. Cette paix est si offensive que toutes les forteresses de l'ennemi seront détruites. Elle a un tel impact en nous et autour de nous que la victoire du Seigneur sera totale; c'est dans la paix, avec la paix que nous vaincrons,

et c'est la paix qui triomphera. Ne cherchons donc pas d'autres perspectives, d'autres armes de guerre: *Esaïe 54:10*
Quand les montagnes s'éloigneraient, Quand les collines chancelleraient, Mon amour ne s'éloignera point de toi, Et mon alliance de paix ne chancellera point, Dit l'Éternel, qui a compassion de toi. Cette arme-là est infaillible, elle triomphera !
Esaïe 55:12
Oui, vous sortirez avec joie, Et vous serez conduits en paix ; Les montagnes et les collines éclateront d'allégresse devant vous, Et tous les arbres de la campagne battront des mains.
C'est bien à la paix que nous sommes appelés et destinés.. C'est vers la vraie paix, la paix totale, divine, lumineuse et éternelle. Celle-ci, enfin sera complète, intérieure et extérieure et surtout éternelle...

LA PAIX

Jean 16:33 Je vous ai dit ces choses, afin que vous ayez la paix en moi. Vous aurez des tribulations dans le monde ; mais prenez courage, j'ai vaincu le monde.[...]

La paix de Dieu est au même titre que sa grâce un "package" de faveurs et de libérations imméritées qui nous permettent désormais de nous élancer dans une vie qui a un sens et une portée.
Comme nous l'avons déjà observé cette paix divine nous apporte bien plus que le sens commun du terme ne le laisse supposer: un contexte, un cadre plus large de vie en abondance, débarrassée de tourments, de désordre, de confusion inutiles et destructeurs. En nous donnant sa paix, le Seigneur nous enracine dans un environnement porteur et saint.

C'est pourquoi nous pouvons préciser, que la paix n'est pas synonyme d'oisiveté, comme certains voudraient le croire. Cette paix ne nous rend pas égoïste et centré sur notre sérénité, au point de ne pas vouloir être dérangé. Bien que cette paix soit un véritable repos pour l'âme et qu'elle nous libère et nous stabilise, elle ne nous destine pas à une vie légère, flottante et futile, ou a un désengagement total, retiré, isolé pour ne trouver Dieu que dans la solitude.

Cette paix est au centre de nos activités, de notre labeur, et de nos responsabilités. C'est parce que nous l'avons reçue que nous nous engageons plus efficacement, et de façon plus pertinente. Notre Dieu nous dirige par son Esprit, et notre âme en paix, se soumet et s'engage selon les instructions du Seigneur, sans rébellion, ni doute, ni confusion. C'est la paix qui permet la soumission et l'obéissance, même dans l'adversité.

Quand Jésus a ordonné à ses disciples d'embarquer pour passer de l'autre côté du lac, (Matthieu **8:18**) Jésus, voyant une grande foule autour de lui, donna l'ordre de passer à l'autre bord).Il savait que le vent allait se lever. Il savait que la traversée serait difficile à cause de l'orage. Cela ne l'a pas empêché de s'engager et d'entreprendre le voyage, tout en gardant sa paix...
(Matthieu **8:24** « *Et voici, il s'éleva sur la mer une si grande tempête que la barque était couverte par les flots. Et lui, il dormait.* »)

En fait, de l'autre côté du lac, d'autres missions l'attendaient, et Jésus ne comptait pas se dérober. Malgré l'adversité, Il a continué sa mission, en utilisant sa paix pour garder sa concentration, utiliser son autorité et accomplir la volonté de Dieu. La paix de Dieu nous permet cela, lorsque nous la laissons envahir nos pensées. Ce n'est pas que nous captons un peu de cette paix pour rester calme, c'est elle qui nous remplit quand nous soumettons notre vie, nos préoccupations à Dieu.

Cette paix dépasse notre capacité à la définir en ce qu'elle n'agit pas comme un pansement ou un remède paralysant mais comme une libération qui permet une action plus efficace. Elle ne nous pousse pas, en effet, à la lâcheté.. Elle n'encourage pas les compromis fâcheux pour rester dans une situation confortable et avantageuse: Lorsque les pharisiens amenèrent cette femme adultère à Jésus pour le confondre, le Seigneur, ne se déroba pas.. Il accepta le défi. (Jean 8:3 « *Alors les scribes et les pharisiens amenèrent une femme surprise en adultère* »). Jésus connaissait leurs motivations, Il discernait leur fourberie (Jean **8:6** « *Ils disaient cela pour l'éprouver, afin de pouvoir l'accuser* »).
La paix de Dieu dans son cœur lui permettait de rester serein et efficace : non seulement, Il confondait les pharisiens mais en plus Il savait saisir l'occasion pour manifester à nouveau la grâce de Dieu.

Jésus savait d'avance qu'Il serait confronté à l'opposition perfide des pharisiens. Il était prêt et Il a démontré comment la paix de Dieu nous permet de surmonter l'opposition, les épreuves et l'adversité et pas seulement de les éviter surtout quand il faut recourir à la lâcheté pour le faire. Souvent, dans le monde, certains préfèrent se taire, "pour avoir la paix". Parfois même on s'y prend ainsi avec ses enfants, et on réalise, par la suite, que cette conception de la paix nous fait faire de mauvais choix. C'est avec la paix de Dieu, au contraire, que l'on prend de bonnes décisions, au bon moment.

Le Seigneur nourrit ainsi notre courage, quand nous demeurons courageusement dans sa paix. Lorsque nous sommes décidés à accomplir la volonté de Dieu, quoiqu'il nous en coûte, sa paix garde nos pensées, des tentations et pressions de toute sorte. Cette paix s'articule donc avec les autres fruits de l'Esprit pour nous transformer et nous rendre conformes à l'image du Seigneur Jésus Christ (Romains 8:29).

Cette paix renforce notre aptitude à nous soumettre à la volonté de Dieu, et à Lui obéir, en ce qu'elle nous permet de mobiliser tous les autres aspects de notre caractère chrétien. Nous ne sommes plus limités par la crainte, la timidité. Nous ne sommes plus paralysés par ce qui autrefois nous retenait captifs. Parce que nous savons que Dieu est avec nous, en nous et de notre côté, nous comprenons, que rien ni personne ne peut nous arrêter: Donc, nous avançons.

S'il faut changer de mentalité, faire des efforts, s'engager dans l'inconnu, comme Abraham, notre foi s'articule, s'adosse à cette paix, et nous payons le prix de l'obéissance, nous nous engageons et nous permettons à Dieu d'agir en nous et à travers nous. Grâce à cette paix, nous n'avons pas besoin de tout comprendre, de tout maîtriser, avant de pouvoir obéir. Nous utilisons cette paix pour chasser le doute, le désordre émotionnel que peuvent créer l'inquiétude, le stress et l'anxiété. Nous ne permettons pas à notre chair de nous dicter nos choix, et nous restons disponibles et ouverts à la volonté de Dieu.

Cette paix, nous permet de nous adapter à toute situation nouvelle, car là encore elle fonctionne en réseau avec la foi, et nous permet de rester flexibles de sorte que Dieu peut nous faire traverser des expériences et des environnements nouveaux sans que nous ne soyons complètement déstabilisés. C'est ainsi et c'est pourquoi l'apôtre Paul a pu s'écrier " *Je puis tout par celui qui me fortifie.*" (Phil 4:13). Cette souplesse nous rend capables de cheminer avec Dieu et de le servir efficacement et dans la durée. Le confort n'est plus considéré comme un trésor à garder à tout prix, c'est le Père qui devient l'objet de toutes nos préoccupations. N'est-ce pas dans ce but que le Seigneur nous remplit de sa paix?

LA PAIX

Esaie 26 :3 Tu le garderas dans une paix parfaite, celui dont le cerveau s'appuie sur toi; parce qu'il se confie en toi. (KJF 2009)
(LSG2) A celui qui est ferme dans ses sentiments Tu assures la paix, la paix, Parce qu'il se confie en toi.

A celui qui a choisi la paix, Dieu accorde la grâce de pouvoir garder cette paix, en tout temps. Ces deux versions expriment explicitement que la paix s'obtient d'abord par une décision volontaire, personnelle et consciente de s'appuyer sur Dieu.
Il y a tant de choses à souligner dans ce passage :
1. cette paix commence par un acte de foi, une volonté fermement établie de faire confiance. Comme pour toutes les autres promesses, c'est une volonté ferme (Jacques 1 :6).C'est un acte déterminé de se reposer sur le Seigneur de toutes ses forces. Personne ne peut faire ce choix à notre place.
Notons aussi, que faute d'avoir fait ce choix, aux temps favorables, tout l'édifice de notre vie peut s'écrouler. Celui qui a entendu la Parole, mais n'a pas choisi de faire le choix de s'appuyer sur le Prince de Paix, a construit son existence sur le sable, et prend le risque d'une grande déconvenue.
D'autres passages, comme Jérémie 17 :5, mettent chacun en garde, dès l'Ancien Testament : il est extrêmement dangereux de s'appuyer sur les hommes ou sur soi-même car le cœur de l'humain est désespérément mauvais (Jérémie 17 :9). Celui, donc, qui ne peut faire le choix de répondre à l'appel du Saint-Esprit, à l'invitation de Dieu et ne peut choisir de laisser rentrer dans son cœur, le Prince de paix, va au-devant de grands tourments.

Il y a pire : certaines personnes ne pensent à se tourner vers Dieu que lorsque les problèmes surviennent. Ils le considèrent, en fait, comme un hôpital, comme une banque...bref comme Celui qui peut solutionner les incidents de parcours et leur permettre de reprendre le cours de leur vie. Le problème de cette conception de Dieu, c'est qu'elle ignore l'avertissement de Jérémie 17.
C'est Dieu qui sait ce que doit être notre vie, cette vie doit lui être remise, car elle lui appartient. Jésus l'a rachetée au prix de son sang. Nous ne pouvons pas nous appuyer sur nous-mêmes et nos propres désirs, car la chair a des désirs contraires à ceux de l'Esprit et elle ne peut pas se soumettre à Dieu (Gal 5 :17). Ceux donc qui choisissent, malgré tous les avertissements, de se fier à leur propre capacité de faire les bons choix, se retrouveront en difficulté tôt ou tard.

Quand, dans ces moments de détresse, on veut faire le choix de s'appuyer sur Dieu, on éprouve de grandes peines à se concentrer sur Lui, à causes des pressions et des tourments causés par les circonstances. Il faut alors pouvoir opposer une grande résistance à la douleur, pour se positionner face au Seigneur et y demeurer pour recevoir sa paix et la garder.
On peut d'ores et déjà conclure, que la paix s'obtient par un acte de foi, en réponse à l'appel de Dieu, au temps favorable. Il s'agit d'un acte qui donne accès à la présence de Dieu, à ses promesses, à une dimension où Dieu peut piloter nos choix, et notre vie.

Mais il y a d'autres vérités importantes dans ce passage :
2. Tandis que l'on chemine avec Dieu, après ce premier acte de foi, il convient de se soumettre, et progressivement de s'abandonner entre les mains du Seigneur. Cet acte de foi, devient une marche avec Dieu, car c'est par une succession d'actes de soumission et de résistance que l'on parvient à former un caractère soumis au Seigneur. En effet, dans ce passage d'Esaïe 26 :3, il s'agit du cœur, d'autres traductions parlent du cerveau. C'est dire que tout le fonctionnement

intérieur, profond, intime de l'homme se soumet à Dieu, volontairement et consciemment. Sous l'action conjuguée de la Parole et de l'Esprit Saint, c'est un nouveau caractère qui émerge.

Si tout commence par une puis des décisions, progressivement, elles deviennent des produits d'un caractère transformé à la gloire de Dieu. Tout le projet de Dieu est là : puisque c'est le cœur de l'homme qui pose problème, c'est donc là que doivent intervenir les changements profonds. Ainsi l'homme sera capable de poser des actes différents parce qu'il aura été transformé de l'intérieur. Quand cette transformation nous permet de demeurer en Dieu, pour rester concentrer sur sa volonté, confiants dans ses promesses, en tout temps, le Seigneur Lui-même intervient pour nous garder en parfaite paix.
Ceci est tout à la fois promesse et certitude. Le Seigneur garantit les résultats parce qu'Il n'est pas un homme pour mentir ou pour changer d'avis. Il a élevé sa Parole au-dessus de son nom, c'est dire, qu'Il veille sur elle pour l'accomplir.

Notre Dieu sait que nous ne pouvons pas vivre réellement sans cette paix. Une paix bien-être, une paix qui nous garde entier, complet, en ordre et en état de marche parfait, en dépit des circonstances, sans céder, sans chanceler, sans faire de compromis... Cette paix est un produit de l'action de Dieu en nous. C'est un fruit de l'Esprit (Gal 5 :22)...C'est le résultat de la Seigneurie de Christ établie sur nos vies réellement et profondément et qui rayonne en nous et à travers nous..
Cette paix de Dieu est le résultat de la paix avec Dieu que l'on obtient quand on fait le choix de poser ce premier acte de foi...On permet alors au Prince de paix de s'installer aux commandes de notre vie, et tandis qu'on chemine avec Lui cette foi se transforme et nous transforme.

Quand la foi évolue en communion personnelle et fusionnelle avec Dieu, en Jésus Christ, notre être tout entier est transformé en son image (2 Cor 3 :18). Pour que ce processus soit mené à son terme, le Père nous garde en parfaite paix, malgré les circonstances, de sorte que son projet pour nous aboutisse. Mieux, les épreuves que nous rencontrons sur le chemin, forment notre caractère et contribuent à notre croissance spirituelle, tandis que nous demeurons soumis à Dieu, par Sa paix qui garde nos cœurs.
Que conclure alors ? Choisissez la paix: laissez de côté tout autre alternative, répondez à son appel aux temps favorables, et Il vous gardera en parfaite paix...

CONSIDERER LA FIN..

Ecclésiaste 7:8
Mieux vaut la fin d'une chose que son commencement ; mieux vaut un esprit patient qu'un esprit hautain

Avec l'âge, il y a tant de choses que l'on aimerait avoir fait autrement. C'est certain, considérer l'impact, les conséquences de ses choix doit avoir du bon.
Trop souvent, on est certain de vivre dans le plan de Dieu et de se laisser conduire, pourtant quand arrivent les imprévus, nos réactions nous surprennent.

On est aussi très influencé par notre culture et notre éducation : quand on croit en être affranchis, nous nous surprenons à retrouver dans nos réactions, dans nos ressentis, de vieux clichés et des stéréotypes qui ont la vie dure. On ne se débarrasse pas ainsi, sans effort, d'années de matraquages éducatifs et culturels qui nous ont été inculqués méthodiquement.

Alors, plus souvent qu'on ne croit, on réagit, sous la pression, au lieu d'agir. C'est à dire que nos actions sont influencées, provoquées, avant que nous ayons pu nous poser pour réfléchir aux enjeux et à l'aboutissement de nos décisions. L'inspiration, les instructions de Dieu sont disponibles, mais trop souvent, nous ne pouvons pas y accéder.

D'abord, sans la paix intérieure, le calme et la confiance (**Esaïe 30:15**)
« *Car ainsi a parlé le Seigneur, l'Éternel, le Saint d'Israël : C'est dans la tranquillité et le repos que sera votre salut, C'est dans le **calme** et la confiance que sera votre force...*) » que nous parvenons à nous décentrer du problème, de la situation qui nous rend perplexes pour recevoir ce que Dieu veut nous communiquer. Ce calme fait souvent défaut et nous empêche de considérer les enjeux véritables. En nous concentrant sur les détails, ou des éléments perturbateurs, nous ne pouvons pas toujours entrevoir la bonne problématique et nous positionner correctement.

Quand l'orage gronde en dedans et en dehors, le tourment s'installe et avec lui, la confusion, les décisions au coup par coup, des réactions en chaîne qui culminent dans un paroxysme de souffrance, alors même que le Saint Esprit se tenait à nos côtés pour nous guider dans le dédale de réflexions à mener...

Quand on a pris l'habitude d'avoir recours aux hommes, de s'entourer d'une foule de personnes et d'évoluer avec un consensus, les décisions sont difficiles à prendre, dans l'adversité. Parfois, tout le monde est perplexe, et la solution ne se trouve pas dans une multitude de conseillers dont les compétences en la matière sont semblables à celles des amis de Job. Ce concert de conseils produit plus de confusion encore, et des réactions tout azimut qui n'aboutissent à rien.

Quand on ne peut rien faire d'autre que de s'abandonner à Dieu, la prière est le seul recours, surtout si elle émane d'un cœur saturé de la paix de Dieu, qui s'en remet entièrement à Lui, en acceptant sa souveraineté. Humblement, les décisions qui sont prises le sont en considérant leur impact, leur conséquence, à la lumière des principes et de la volonté de Dieu, en restant conscient que le Père seul sait de quoi sera fait demain.

Si on choisit une gratification immédiate des désirs charnels, on replace la chair au contrôle de sa vie, on redevient redevable et esclave de sa tyrannie, et plus misérable encore. Ainsi si nous gérons nos émotions, en donnant libre cours à nos ressentis, en réagissant en fonction de nos humeurs, de telles réactions aboutissent à un plus grand désarroi.

Si nous choisissons cette voie, la rancœur, l'amertume, la dépression auront raison de notre foi, de notre attachement pour Dieu, et les épines des circonstances difficiles étoufferont la Parole en nous. Nous avons donc tout à perdre à vivre uniquement en fonction des circonstances et en nous contentant d'une gestion charnelle de nos ressentis. La fin d'un tel choix, d'un tel positionnement, c'est un naufrage certain...

Si nous permettons à Dieu, dans sa grâce de nous faire traverser ces saisons douloureuses mais souvent nécessaires de notre vie, Il nous cachera, dans son pavillon et **Psaumes 23:6** « *Oui, le bonheur et la grâce m'accompagneront Tous les jours de ma vie, Et j'habiterai dans la maison de l'Éternel Jusqu'à la fin de mes jours* ». Qu'on le ressente ou pas ce bonheur nous accompagne: le bonheur de connaître Dieu, d'avoir été choisi, dans sa grâce pour devenir, enfant, disciple, serviteur, vase d'honneur dans sa maison; le bonheur de vivre dans sa présence, d'être guidé par son Esprit, protégé et gardé; le bonheur d'avoir la paix avec Lui et sa paix, en toute circonstances..

Quant à sa grâce, jamais elle ne nous quitte, quelles que soient les circonstances. Même au plus fort de la douleur, quand le chagrin veut envahir nos cœurs et nous mordre de plus en plus fort... sa grâce nous suffit *2Corinthiens 12:9* « *et il m'a dit : Ma grâce te suffit, car ma puissance s'accomplit dans la faiblesse. Je me glorifierai donc bien plus volontiers de mes faiblesses, afin que la puissance de Christ repose sur moi.* » Quand je fixe mes regards sur cette grâce, la morsure des circonstances est apaisée, la paix est renouvelée car comme le dit l'auteur de Philippiens 1:6 « ***Je suis persuadé que celui qui a commencé en vous cette bonne œuvre la rendra parfaite pour le jour de Jésus Christ.*** »

Je ne crains pas de souffrir aujourd'hui, en attendant son intervention, plutôt que de satisfaire mes désirs charnels et de me laisser aller à l'arrogance, et à des folies qui aboutiront à un désastre. Humblement, je garde les yeux fixés sur l'horizon..

Alors oui, je considère la fin de tout ceci avec patience, en me réjouissant d'avance de la victoire de mon Dieu dans ma vie. Mes certitudes sont en Lui, dans sa nature, sa puissance, sa Parole, ses promesses. Hier et aujourd'hui sont sans doute douloureux, mais la voie de la soumission, de la patience, du calme et de la confiance me mènera à l'aboutissement que Dieu a prévu. L'essentiel est que j'habite dans la maison de l'Eternel jusqu'à la fin de mes jours.

C'est à cause de ce choix, de cette détermination de vivre en Dieu et pour Lui que la tempête s'est levée, dans ma vie.. Mais Il est dans la barque et mes yeux sont sur Lui. Il se lèvera aux temps voulus et calmera la mer. Il fera aboutir son projet pour ma vie. Je le sais, sa Parole le dit...

Oui, je veux morebooks!

i want morebooks!

Buy your books fast and straightforward online - at one of world's fastest growing online book stores! Environmentally sound due to Print-on-Demand technologies.

Buy your books online at
www.get-morebooks.com

Achetez vos livres en ligne, vite et bien, sur l'une des librairies en ligne les plus performantes au monde!
En protégeant nos ressources et notre environnement grâce à l'impression à la demande.

La librairie en ligne pour acheter plus vite
www.morebooks.fr

VDM Verlagsservicegesellschaft mbH
Heinrich-Böcking-Str. 6-8   Telefon: +49 681 3720 174   info@vdm-vsg.de
D - 66121 Saarbrücken   Telefax: +49 681 3720 1749   www.vdm-vsg.de

www.ingramcontent.com/pod-product-compliance
Lightning Source LLC
Chambersburg PA
CBHW020808160426
43192CB00006B/484